Nur ein paar Stündchen

Nix wie raus, ganz schnell ins Grüne. Auch mit wenig Zeit lässt sich Großartiges erleben. Kleine und große Abenteuer warten direkt vor der Haustür.

4H

Raus für einen Tag

Man muss nicht das Land verlassen, um neue Welten zu entdecken. Einfach mal einen Tag lang raus aus dem Alltagsallerlei und rein in die Natur.

12H

Ferien für ein Wochenende

Warum auf die große Auszeit warten, wenn man einen Wochenendtrip in der Nähe machen kann? Vergnügen, Abenteuer und Wohlgefühl kompakt und intensiv.

36H

LIEBE LESERIN, LIEBER LESER,

die Bergstraße, der Odenwald und der Spessart sind sagenumwobene Regionen. Sie leben von ihren Weinbergen, den Schlössern und Burgen und vor allem von den dichten Wäldern, in denen man sich für Stunden und Tage beim Erkunden verlieren kann.

Bei einer gemütlichen Radtour, einer Wanderung mit Wow-Effekt oder beim Relaxen auf dem Wasser lassen sich diese drei Regionen aus völlig neuen und immer wieder wechselnden Perspektiven entdecken. Denn draußen unterwegs zu sein lädt die Batterien auf und macht den Kopf frei für Neues. So bringen die Eskapaden Auszeitmomente und Urlaubsgefühl mit sich.

Viele wunderbare Eskapaden im Spessart und im Odenwald wünscht Ihnen, dir und euch

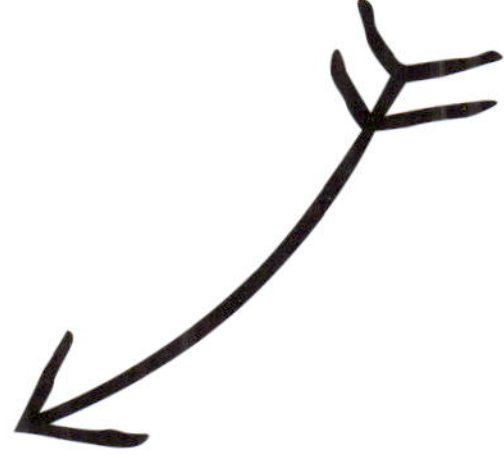

Barbara Riedel

PS: Informationen zum GPX-Download gibt's auf Seite 224.

AUSZEIT.
ABENTEUER.
LEBENSFREUDE.

1. KAPITEL ABSTECHER

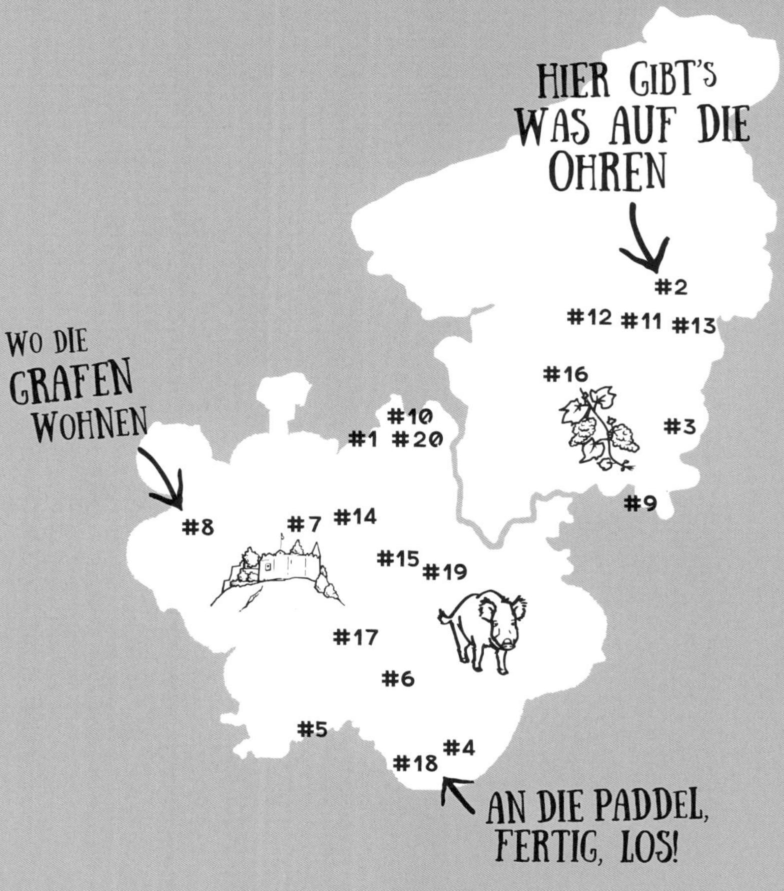

Nur ein paar Stündchen

Auf Rollen in den Feierabend düsen, mit Burgfaktor waldbaden oder entspannt in den Tag starten – die kleine Auszeit vom Alltag ist ganz nah.

4H

FRÜHLINGS BLÜHENDES BAND ...

... auf dem Fischbachtaler Pfad der Vielfalt

Biodiversität zum Anfassen: Üppige Lebensräume und große Artenvielfalt warten in der kleinen Gemeinde Fischbachtal auf wissbegierige Wanderer. Anschauliche Darstellungen auf dem Wanderweg machen die Natur erlebbar.

→ ABSTECHER …

Das Obst wird besonders gut, wenn die Streuobstwiese von Schafen gepflegt wird.

Von Streuobstwiesen, einem Feuchtgebiet und dem Fischbachtal in einen Steinbruch und durch einen Mischwald auf den Rußberg. Der Pfad der Vielfalt macht seinem Namen alle Ehre und führt den geneigten Wanderer anhand von Informationstafeln am Wegesrand in die verschiedenen Thematiken ein.

Man startet an den Streuobstwiesen, die zu den artenreichsten Biotopen in diesem Teil Europas zählen. Etwa 5000 Tier- und Pflanzenarten zeugen von ihrer Bedeutung für das Ökosystem. Auch wenn sie vom Menschen angelegt wurden und ohne dessen Zutun kaum erhalten blieben, stellen sie doch wichtige Rückzugsgebiete dar. So haben verschiedene Vogel- und Mausarten auf den Streuobstwiesen ein Zuhause gefunden. Besonders schön sind die Felder im Frühling, wenn die Bäume in voller Blüte stehen – ein herrlicher Anblick!

Weiter geht's über die Straße und direkt zum Herrensee, einem typischen Feuchtgebiet. Dieses wird vom Fischbach mit Wasser versorgt, wodurch eine empfindliche Lebensgemeinschaft zwischen Land und Wasser entstanden ist. Mit einem Abstecher durch Billings führt der Weg langsam aufwärts. Das Panorama mit dem Schloss Lichtenberg in der Ferne ist beeindruckend und erleichtert den Aufstieg.

Es folgt ein kurzer Abschnitt im Wald, dann wird der geheimnisvolle Alte Steinbruch erreicht. Nach Aufgabe der Abbauarbeiten füllte er sich mit Grundwasser, sodass man heute einen See bewundern kann. Darin tummeln sich unter anderem Fische und Süßwasserquallen, die hin und wieder kurz an der Wasseroberfläche aufblitzen, wenn man lange genug am Ufer verweilt. Für Geologen ist so ein Steinbruch eine Art Fenster zur Erdgeschichte: Hier lässt sich anhand von Gesteinsschichten die Entstehung der festen Erdkruste nachverfolgen.

Jenseits der Straße erwartet die Besucher ein Mischwald. Der heimische Buchenwald ist sehr dicht und lässt nicht viel Licht durch sein Blattwerk. Licht wird jedoch von anderen Pflanzen zum Wachsen benötigt, welche wiederum eine Nahrungsquelle für Tiere darstellen und so zu deren Ansiedelung beitragen. Um mehr Artenvielfalt zu schaffen, werden daher gezielt Kahlschläge zur Lichtung des Waldes vorgenommen. So entsteht nicht nur

---

Hin & weg: Vom Bahnhof Reinheim mit der Linie K57 zur Haltestelle Abzweig Meßbach, die erste Tafel befindet sich links am Schafstall, wenn man noch ein bisschen Richtung Meßbach läuft. Mit dem Auto zwischen Niedernhausen und Billings Richtung Meßbach auf die K72 und dort auf dem kleinen Parkplatz parken.

Beste Zeit: Ganzjährig, am besten im Frühling. Dann stehen die Obstbäume in voller Blüte und bieten tolle Fotomotive.

Dauer & Strecke: 1,5 Std. reine Gehzeit, 4,5 km.

Ausrüstung: Wanderschuhe und eventuell Sonnencreme, da der Weg über längere Strecken über offene Wiesen führt.

Auf knapp 300 Metern Höhe thront das Schloss Lichtenberg majestätisch über dem Fischbachtal.

ein Lebensraum für Tiere, sondern auch ein geheimnisvolles Zwielicht.

Der Endspurt verläuft über den Rußberg. Die dortigen Wiesen werden nur durch Ausscheidungen der Weidetiere – Schafe und Rinder – gedüngt. Hier konnten sich die Obstbäume artenreich entwickeln. So bietet der Pfad der Vielfalt nicht nur einen Einblick in die Welt der Ökologie und Geologie, sondern auch beste Voraussetzungen, um die Seele baumeln zu lassen, während der Blick über das weite, hügelige Land schweift.

FAZIT: EIN ERHOLSAMER ORT, UM DIE GROßE VIELFALT DER NATUR IM ODENWALD ZU ERKUNDEN.

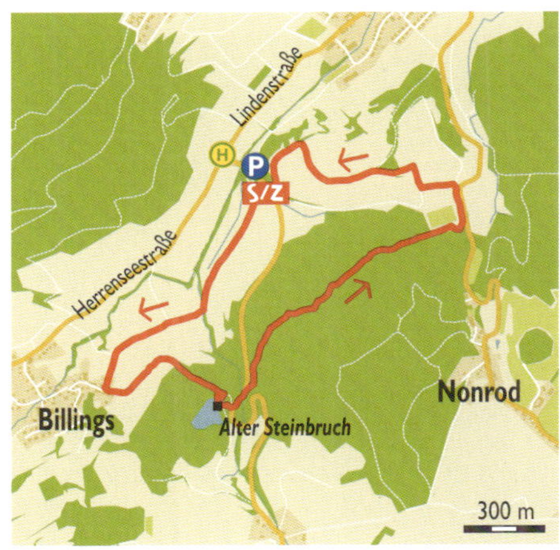

WANDERUNG MIT OHREN-SCHMAUS

… auf dem Grünseelchenweg

#2

Eine Wanderung der anderen Art … Für den Kultursommer 2018 wurde dieser Wanderweg angelegt, um ein besonderes Outdoor-Erlebnis zu schaffen. An den Stationen wird die Geschichte eines Waisenkindes erzählt, das die Natur auf einzigartige Weise erlebt.

Wer kann schon behaupten, er habe der Geburt eines Mythos beigewohnt? Nun ist dies in dem kleinen Dorf Lohrhaupten möglich: 2018 entstand die Legende des Grünseelchens. Sie basiert auf der Geschichte eines kleinen Mädchens, das zur Waisen wird und im Laufe der Jahre auf wundersame Weise eine ganz außergewöhnliche Verbindung zur Natur aufbaut. Wie weit diese geht, stellt sich während der literarischen Wanderung heraus.

Der Start erfolgt im Herzen des Ortes. Von dort geht es über acht Stationen bis an die Lohrhaupter Feldgemarkung in grüner Höhe, von wo aus man das Dorf überblickt. Die Stationen sind durch Schilder mit einem QR-Code gekennzeichnet, um so die entsprechenden Texte und Audiodateien abrufen zu können.

Von der ersten Station führt es den Wanderer bergauf bis zu einem Gestüt. Mit etwas Glück grasen Pferde auf einer der Weiden oder laufen an der Longe im Kreis. Der erste Text beschreibt, wie ein Kind namens Lisa-Marie zur Waisen wurde und zu einem naturverbundenen jungen Mädchen heranwuchs.

Hinter dem Gestüt verläuft der Weg rechts den Berg hoch, und bald werden die Mühen des Anstiegs mit einem herrlichen Panorama belohnt. Dann geht es ins Feld hinein zur zweiten Station. Der Weg ist nun flacher und man entdeckt die Orte, an denen Lisa-Marie ihre Kindheit und Jugend verbringt, die so anders ist als die ihrer Klassenkameraden, da sie sich nicht für Handys oder modernen Krimskrams interessiert. Sie verbringt ihre Zeit lieber in der Natur, liebt die Bäume und beschäftigt sich mit Geschichten vergangener Tage. So erzählt sie ihrem Freund Alexander an der vierten Station von dem alten Handelsweg, der einst an dieser Stelle verlief. Auch zeigt

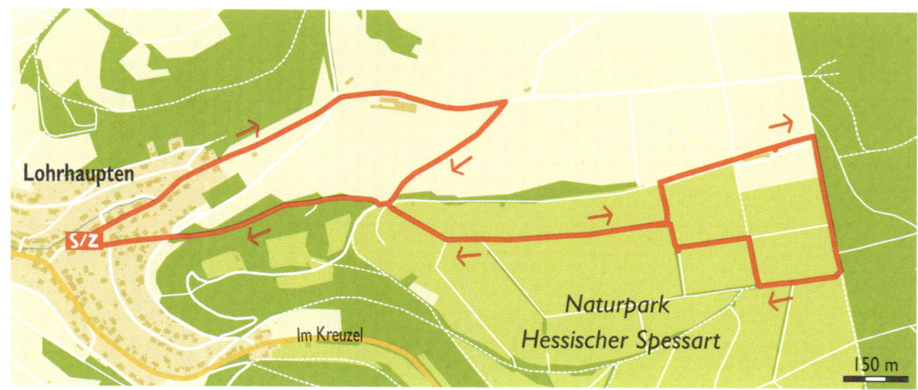

Der Grünseelchenweg ist gut ausgeschildert, und wer mit seinem Handy ausgerüstet ist, kann die QR-Codes entlang des Weges scannen.

sie ihm die Grenzsteine, die damals die Reiche Bayern und Preußen trennten und heute die Grenze zwischen Bayern und Hessen markieren. Auf diese Weise berichtet die literarische Wanderung nicht nur von Lisa-Marie, sondern lässt den Wanderer auch einen Blick in die Vergangenheit der Region werfen.

Hin & weg: Am besten mit dem Auto nach Lohrhaupten und an der Wohnroder Straße parken.

Beste Zeit: Ganzjährig.

Dauer & Strecke: 2,5 Std. Gehzeit inklusive Hören der Audiodateien, 5 km. An Station 3 kann man eine geführte Wanderung inkl. Lesung und organisiertem Picknick machen (www.grünseelchen.de). Bzw. das Picknick einzeln buchen (www.picknickimspessart.de).

Ausrüstung: Wanderschuhe und ein Handy zum Hören der Audiodateien oder Ausdruck der entsprechenden Texte.

Die Zeit vergeht wie im Fluge und schon ist man an den letzten Stationen angelangt, an denen sich herauskristallisiert, wieso dies die Entstehung eines Mythos ist. Am Ende versteht man auch, warum dieser Weg Grünseelchenweg getauft wurde.

FAZIT: PERFEKT FÜR ALLE, DIE EINMAL ÜBER DEN TELLERRAND DES ERKLÄRLICHEN HINAUSBLICKEN UND EINE GANZ BESONDERE WANDERUNG FÜR AUGEN UND OHREN ERLEBEN MÖCHTEN.

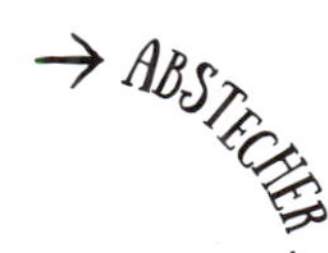

ROLLEND IN DEN FEIER-ABEND

... von Lengfurt nach Marktheidenfeld

#3 *Auch wenn der MainRadweg eigentlich für Fahrradtouren gedacht ist, kann man auf acht Rollen mindestens genauso viel Spaß haben wie auf zwei Rädern. Die Route ist mit sechs Kilometern ideal für eine After-Work-Fahrt nach einem stressigen Arbeitstag!*

#MainRadweg #Keeprolling #Inlinertour #afterworktour

Bereits die Kelten und Römer nutzten den Main als Wasserstraße. Auch heute kann man den Flussschiffen nachblicken, wie sie gemächlich den Nebenfluss des Rheins rauf- und runterfahren.

Asphalt unter den Rollen, Wind in den Haaren und den Main vor Augen. Das erlebt man auf dem MainRadweg! Insgesamt führt die Strecke über eine Gesamtlänge von 538 beziehungsweise 557 Kilometern, je nachdem, ob man am Weißen oder Roten Main beginnt. Für die After-Work-Tour reichen jedoch die sechs Kilometer zwischen Triefenstein-Lengfurt und Marktheidenfeld, auf denen man den Alltag hinter sich lassen kann.

Vom Mainparkplatz in Lengfurt startet die Tour. Direkt am Main entlang geht es auf eine Schleuse zu. Um diese zu umfahren, macht der Weg einen Schlenker durch den Ort, führt aber gleich zurück an die Flusspromenade – stets begleitet vom Gefühl von Freiheit. Die blühenden Obstbäume sind ein Genuss für die Sinne. Wer sein Handy griffbereit hat, kann hier ein paar tolle Schnappschüsse machen: Blüten, der kurvige Weg gesäumt von dem satten Grün der Wiesen und der Main mit seinen tuckernden Binnenschiffen ... einfach herrlich.

Die Strecke besteht zum Großteil aus tadellosem Asphalt, auf dem man gemütlich rollen und die Aussicht genießen kann. Einige Passagen führen jedoch über gröberen Beton, sodass man ein wenig durchgeschüttelt wird. Dem Fahrspaß tut es jedoch keinen Abbruch. Und so gelangt man nach etwa einer Stunde nach Marktheidenfeld.

Die Stadt lädt dazu ein, aus den Inlinern zurück in die Schuhe zu schlüpfen. Die Ruhe am Mainufer ist Balsam für die Seele. Bänke stehen bereit, damit man den Moment voll und ganz genießen kann. Zum Abschluss bietet es sich an, noch ein wenig durch den historischen Stadtkern zu schlendern. In einem urigen Biergarten oder sonnigen Café ist der Feierabend perfekt. Das ist Leben!

FAZIT: AUF DIESER RUNDE WARTET AFTER-WORK-SPAß PUR!

Hin & weg: Entweder mit dem Bus 986 ab Wertheim zur Haltestelle Kolpinghaus oder auf dem öffentlichen und kostenfreien Mainparkplatz parken.

Beste Zeit: Nach Feierabend im Frühling, wenn die Blüten blühen.

Dauer & Strecke: 1 Std. Fahrzeit, 6 km.

Ausrüstung: Inlineskates oder Rollschuhe, Protektoren und Helm.

Das Tal der Feuersalama
Möchten Sie drei Monate ihres Lebens im Wasser verbringen? Der Feuersalamander macht das, allerdings nur als Larve.
Feuersalamander gehören zu den Amphibien (L
werden im Frühling lebend geboren und brauch
eine Verunreinigung der Schlucht wäre ihr Todes
gewachsene, 20 cm lange Tier lebt in feuchten
begegnen Sie einem Feuersalamander auf dem
Amphibien sind die ersten Wirbeltiere, die sich v
Jahren auf ein Leben an Land einstellten. In Wal
man den 30 cm langen Schädelabdruck der Od
bergensis, ein Riesenlurch aus der Buntsandste
Schädelabdruck der Odenwaldia heidelbergensis
Margaretenschlucht-Pfad
Tafel 7

SLALOM ÜBERS WASSER

#4

Wasserfälle, das Plätschern des Baches und die Tiefe der Schlucht! Dieser Ort hält, was er verspricht, und ist alles, nur nicht langweilig. Wer tolle Fotos in einer rauen und zugleich exotischen Umgebung machen möchte, ist in der Margarethenschlucht richtig.

#unterwegsinderSchlucht #Wasserfallvoraus #Wildromantikpur

Eine Kamera dabeizuhaben lohnt sich. Auf dieser Wanderung bieten sich tolle Fotomotive.

Über acht Wasserfallstufen bahnt sich der Flursbach seinen Weg durch den Gickelberg hinab zum Neckar. Allein auf der untersten Stufe fällt das Wasser ganze zehn Meter in die Tiefe. Somit ist dies der höchste Wasserfall des Odenwalds und außerdem einer der höchsten Deutschlands. Eindrucksvoll plätschert hier das kühle Nass und bietet Wanderern, die nach einer besonderen Kulisse Ausschau halten, sowohl Outdoor-Vergnügen als auch Fotospots.

Schon der Weg vom Bahnhof in Neckargerach zur Schlucht entpuppt sich als Genuss für die Augen: Nach kurzer Zeit erstreckt sich das Neckartal zu den Füßen der Berghänge und windet sich in einer perfekten Schleife um den Zwerrenberg. Ein herrlicher Anblick!

Bei der Wanderung durch die Schlucht muss der Bachlauf mehrmals überquert werden. Dabei bekommt man den Eindruck, man wäre durch Raum und Zeit gereist, denn gefühlt könnte die Schlucht auch in Asien sein und nicht in einem deutschen Wald. Sie ist eng und wenig Licht fällt durch das Dickicht.

Zehn Informationstafeln zeigen die geologische Entwicklung des Neckartals und der Margarethenschlucht, die unterschiedlichen Naturräume, die hier auf kleinstem Raum symbiotisch vereint sind, und die besondere Vegetation und Tierwelt des Schluchtwaldes.

Auf den Boden zu schauen zahlt sich hier gleich mehrfach aus: So wird die Stolpergefahr minimiert, wohingegen die Chance,

---

Hin & weg: Mit dem Zug nach Neckargerach oder mit dem Auto über die B37 bis Neckargerach und dann den Schildern zum Bahnhof folgen. Dort ist die Margarethenschlucht ausgeschildert.

Beste Zeit: April bis Oktober, von November bis einschließlich März wird von einer Wanderung abgeraten, weil es in der Schlucht sehr rutschig sein kann.

Dauer & Strecke: 2 Std. reine Gehzeit, 4 km.

Ausrüstung: Wanderschuhe, am besten knöchelhoch für einen besseren Halt und wasserdicht, falls man mal daneben tritt.

Am Ende der Schlucht geht es in einem kleinen Schlenker zurück nach Neckargerach. Dabei führt der Weg noch an einem Wildtiergehege und einem weiteren Grundstück mit Ziegen vorbei.

einem Feuersalamander zu begegnen, deutlich steigt. Aber keine Angst: Während sein urzeitlicher Vorgänger, der Riesenlurch, mit einer Schädellänge von 30 Zentimetern seinen Opfern am Flussufer auflauerte, geht von der 20 Zentimeter langen Amphibie der Neuzeit keine Gefahr aus. Sie jagt nur Würmer und Schnecken.

Durch diese Mischung wird die Wanderung in der Margarethenschlucht fernab der Zivilisation in jeder Hinsicht ein spannendes Erlebnis!

FAZIT: WANDERSCHUHE AN, KAMERA BEREIT UND LOS GEHT'S! HIER BESTEHT SCHLUCHT-, ÄH, SUCHTGEFAHR.

PROUD
NOMAD

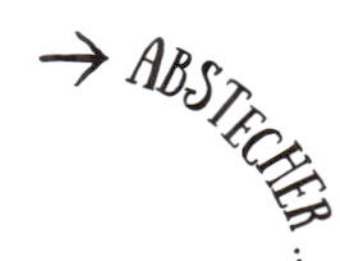

MIT ALLEN SINNEN ERLEBEN

... auf dem Sinnenpfad in Neckargemünd

Eine wortwörtlich sinnvolle Wanderung wartet in Neckargemünd, denn hier befinden sich am Wegesrand zahlreiche Attraktionen, um den Wald und die Natur mit allen Sinnen zu erleben. Nicht nur Kinder können hier noch das ein oder andere lernen!

#KunstimWald #KlangspielausHolz #sinnvollwandern

Erleben und Genießen lautet das Motto des Sinnenpfads in Neckargemünd! Los geht's am Wanderparkplatz an der B45 direkt hinter dem Friedhof. Schilder markieren den Beginn, sodass der Weg leicht zu finden ist. Nach einer Abzweigung rechts führt der Pfad leicht bergauf, von den Bahngleisen weg und ab da nur noch geradeaus. Kinderleicht zu finden und kinderfreundlich obendrein!

Entlang des Weges wurden rechts wie links Stationen verteilt, durch die die Wanderung in eine neue Perspektive gerückt wird. Wie riecht eigentlich eine Kiefer? Wie unterscheidet sich der Ausblick je nach Körpergröße des Betrachters? Wie verändert sich der Eindruck der eigenen Umgebung, wenn sie achtsam wahrgenommen wird? Plötzlich ist der Wald mit seinem besonderen Lichtspiel und den Geräuschen sehr präsent. Die Sonne, die die Haut wärmt. Der Wind, der um die Nase weht. Die Fliege, deren Brummen im Ohr nachhallt.

Ein Baumstamm lädt dazu ein, den Gleichgewichtssinn auf die Probe zu stellen. Der Balanceakt hilft dabei, sich auf sich selbst zu besinnen und die Welt um sich herum für einen Moment zu vergessen. Schließlich gilt es, nicht runterzufallen. Weiter geht es über eine kleine Schlucht zum Gnom-Garten, in dem die Holzstämme zu lachenden oder zufrieden grinsenden Grimassen geschnitzt wurden.

Auch das hängende Xylophon ist verlockend. Helle wie dunkle Klänge ertönen im Wald, wenn der Schlägel an die einzelnen Elemente geschlagen wird. Wer bekommt hier keine Lust zu musizieren?

Löcher in der Wand dieser Station sollen es einem ermöglichen, ein und denselben Ausblick aus verschiedenen Perspektiven zu betrachten.

In Waldhilsbach ist das Ende schließlich erreicht. Auf dem gleichen Weg geht es wieder zurück, so hat man die Gelegenheit, die Lieblingsstationen ein weiteres Mal und in aller Ruhe zu betrachten.

FAZIT: HÖREN, RIECHEN, FÜHLEN. DIESE WANDERUNG REGT (FAST) ALLE SINNE AN!

Hin & weg: Mit dem Zug nach Neckargemünd oder mit dem Auto zum Friedhof der Stadt und dort auf dem Wanderparkplatz parken.

Beste Zeit: Ganzjährig, besonders schön im Frühling, wenn der Wald erwacht.

Dauer & Strecke: 1,5 Std. reine Gehzeit, 5 km.

Ausrüstung: Feste Schuhe.

Feldber
881

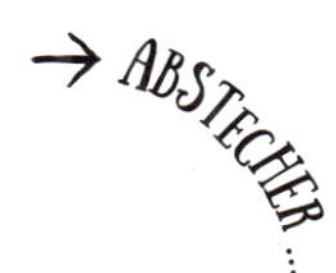

AM ANFANG WAR DER VULKAN

#6 *Der höchste Berg im Odenwald, der Katzenbuckel, bietet nicht nur eine tolle Aussicht. Hier geht es auf eine spannende Reise in die Erdgeschichte: Dieser Rundweg erzählt von einem explodierenden Schlot, von Vulkanbomben und Mineralien in Gesteinen, die zu Kristallen wurden.*

#TanzaufdemVulkan #höchsterBergimOdenwald #geologischerThemenweg

Der Katzenbuckelturm ist das Highlight der Wanderung. Bei diesem Weitblick kann man schon mal die Zeit vergessen.

Der Weg der Kristalle beginnt am Naturpark-Parkplatz direkt an der Turmschenke. Ein Schild gibt erste Informationen zum Katzenbuckel und seiner Entstehung und lässt die Erdgeschichte lebendig werden: Vor 60 bis 70 Millionen Jahren bahnte sich flüssiges Magma seinen Weg aus dem Inneren der Erde, und bei einer gewaltigen Explosion wurden Gesteinsbrocken in die Luft geschleudert. Ein Krater von etwa einem Kilometer Breite war entstanden. Die Wände sind zwar längst abgetragen, aber über Jahrmillionen gehärtetes Gestein blieb erhalten.

Das vulkanische Gestein war im 20. Jahrhundert begehrt für den Straßenbau und wurde daher abgebaut. Der alte Steinbruch, der dadurch entstanden war, ist das erste Highlight der Wanderung. Durch das Dickicht sieht man gerade so das klare Wasser hervorblitzen, das sich darin gebildet hat, als 1970 eine Sprengung durchgeführt wurde. Das ist der Katzenbuckelsee. Unheimlich liegt er da, mystisch und geheimnisvoll.

Nun geht es durch den Wald. Immer wieder erklären Tafeln verschiedene Eigenheiten des Katzenbuckels: die Entstehungsgeschichte des Berges, Flora und Fauna der Umgebung, Mineralien, Gesteine und Kristalle. Die Infos machen den Weg interessant und kurzweilig.

Nach etwa einer halben Stunde erscheint der 18 Meter hohe Aussichtsturm zwischen den Bäumen. Er wurde 1820 aus Sandstein erbaut und thront auf der Kuppe des Berges. Der Rundumblick eröffnet bei gutem Wetter nicht nur die Aussicht auf den Odenwald, sondern bis zum Taunus, zur Rhön und zum Pfälzer-

---

Hin & weg: Mit dem Bus nach Eberbach und von dort mit der Linie 821 weiter nach Waldbrunn oder mit dem Auto auf dem Naturpark-Parkplatz Turmschenke parken.

Beste Zeit: Ganzjährig.

Dauer & Strecke: 1 Std. Gehzeit mit Pause auf dem Turm, 2 km.

Ausrüstung: Wer in der Turmschenke einkehren möchte, sollte etwas Kleingeld mitbringen und für Fotos seine Kamera dabeihaben.

wald. Wer an die Kamera gedacht hat, ist klar im Vorteil!

Der Rückweg ist nur noch ein Katzensprung. Es lohnt sich allerdings, noch eine kleine Pause auf einer der Bänke einzulegen, um den Blick über die Felder zu genießen, die Geschichte des Berges Revue passieren und die Wanderung auf sich wirken zu lassen. Nach wenigen Hundert Metern wird die Turmschenke und somit der Startpunkt erreicht.

FAZIT: SCHÖNE AUSSICHT UND EIN SPANNENDER ABSTECHER IN DIE ERDGESCHICHTE – EGAL OB ALLEIN ODER MIT DER GANZEN FAMILIE.

Tipp: Wer sich im Anschluss an die Wanderung noch etwas gönnen möchte, sollte einen Besuch in der Katzenbuckeltherme mit einplanen (www.katzenbuckel-therme.de).

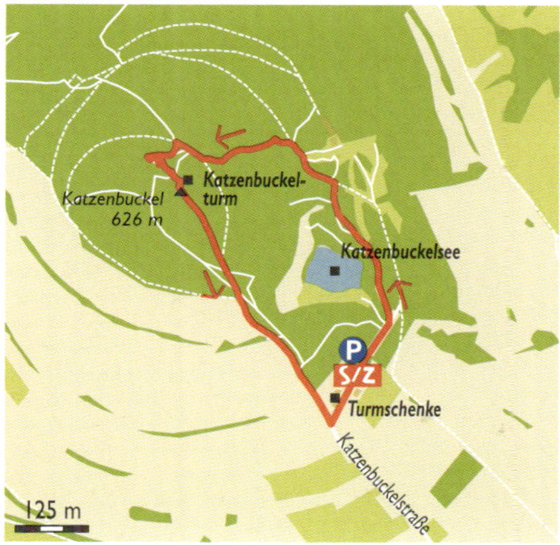

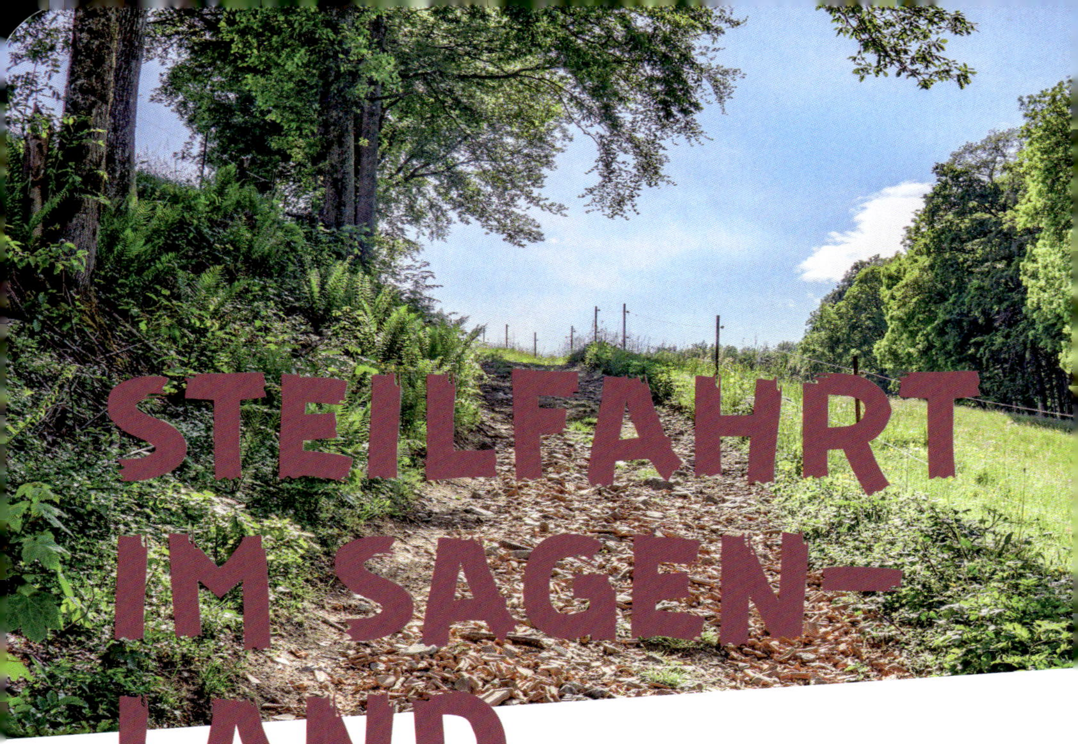

STEILFAHRT IM SAGEN-LAND

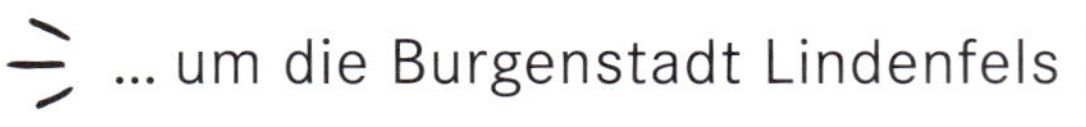

… um die Burgenstadt Lindenfels

#7

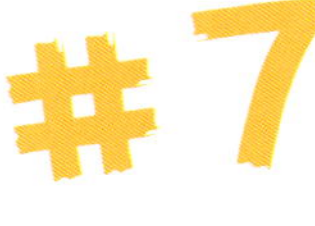

Die Landschaft in diesem Teil des Odenwalds beeindruckt mit ihren Aussichten. Dabei lassen die Berg- und Talfahrten das Herz eines jeden Mountainbikers höherschlagen! Die Rundtour um Lindenfels ist für Einsteiger eine kleine Herausforderung und für Profis eine schnelle Runde Spaß!

#MountainbikeRundtour #GranitOdenwald #AdrenalinAlarm

Die Strecke mit Dachziegeln (links) kann eine Herausforderung sein. Der Rest sind vor allem Schotterwege (rechts).

→ ABSTECHER ...

Los geht's am Löwenbrunnen direkt unterhalb der mittelalterlichen Ruine der Burg Lindenfels. Vorbei am Bürgerturm und noch ein Stück durch die Stadt ist schnell der Waldrand erreicht. Nun beginnt die Talfahrt mit dem ersten steilen Abschnitt. Der Schotterweg lässt den Adrenalinspiegel steigen. Ob aus Respekt vor dem rutschigen Untergrund oder aus Euphorie hängt davon ab, wie MTB-erfahren die Lenker sind.

Die Abfahrt hat sich jedoch gelohnt: Herrlich liegt das Tal zur Linken, während die Tour von Krumbach weiter am Kapp entlang verläuft. Nach kurzer Zeit wird eine Informationstafel erreicht, welche von der Richtstätte von Lindenfels erzählt, die auf einer bis heute Galgenfels genannten Kuppe errichtet war. Der Galgen war das sichtbare Zeichen, dass Lindenfels die Hochgerichtsbarkeit ausüben durfte. Direkt am Weg von Fürth nach Lindenfels gelegen – und damit an einer im Mittelalter stark frequentierten Handelsstraße – diente er vor allem als Mahnmal für Diebe und Gauner. Laut einer Sage wurde hier jedoch nie jemand hingerichtet. Die einzige zum Tode durch den Strick Verurteilte war eine Kindsmörderin, die unter dem Galgen begnadigt

Die Ortschaften verzücken mit altem Fachwerk und einer Geschichte, die bis ins 12. Jahrhundert zurückreicht.

wurde. Über Faustenbach und Eulsbach führt der Weg anschließend wieder in den Wald. In Serpentinen geht es nach oben. Die Steigung ist jedoch erträglich.

Kurz darauf trifft der Weg auf den bekannten Nibelungensteig – einer der drei Fernwanderwege des Odenwalds. Dann geht es wieder bergab. Ein Ausrufezeichen auf dem Schild

warnt vor dem, was kommt: Auf dem Weg liegen zerschlagene Dachziegel. Erfahrene Mountainbiker haben hier ihren Spaß. Wer noch nicht so häufig auf MTB-Touren war, könnte allerdings an seine Grenzen geraten. Schieben ist da keine Schande! Ein letztes Mal geht es durch den Wald, bevor Schlierbach erreicht wird. Wer einkehren möchte, kann hier die Kraft tanken, die in Kürze benötigt wird. Dafür bietet sich das Hof-Kaffee Meister (www.hofkaffeemeister.metro.bar) an, wo es den besten Kuchen der Gegend geben soll. Frisch gestärkt geht es an den Aufstieg, der es in sich hat. Wer nun absteigt, hat verloren und muss einen Großteil bergauf schieben. Also Zähne zusammenbeißen und sich auf die Rückkehr zum Ausgangspunkt freuen. Dort um die Ecke wartet das Eiscafé Venezia mit einer kühlen Belohnung.

Hin & weg: Startpunkt ist der Löwenbrunnen in Lindenfels. Mit der Buslinie 665 ab Bensheim direkt zur Haltestelle Lindenfels/Mitte oder auf dem Parkplatz Am Löwenbrunnen in der Burgstraße in Lindenfels parken.

Beste Zeit: Ganzjährig.

Dauer & Strecke: 2 Std., 14,5 km.

Ausrüstung: Mountainbike und Helm.

FAZIT: FÜR ADRENALIN-JUNKIES! DIE RUNDTOUR IST EIN SCHNELLER ABSTECHER IN DIE NATUR MIT HOHEM SPAßFAKTOR FÜR MOUNTAINBIKER.

DER GRUß DER GRAFEN

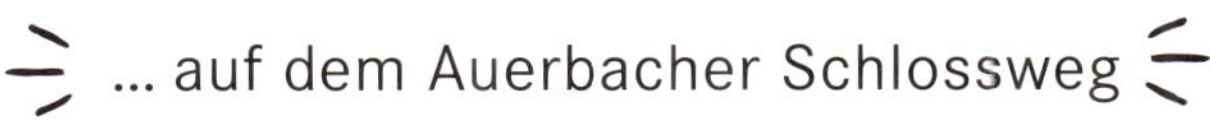

Das Schloss Auerbach ist die größte Burgruine im Odenwald und bietet neben einer Reise in die Vergangenheit auch einen tollen Weitblick in die Rheinebene und über die Bergstraße. Trotz knackigem Anstieg zu Beginn der Tour ist die Wanderung ein Highlight für Jung und Alt.

#Burgruine #größteBurgruineimOdenwald #Sommerresidenz

Das Auerbacher Schloss bietet eine mittelalterliche Erlebnisgastronomie in der Burgschänke. Lust auf eine Zeitreise in die dunklen Jahrhunderte?

Los geht's in der Bachgasse in Auerbach, dem größten Stadtteil von Bensheim. Der Markierung A1 folgend, verlässt der Weg bald das Stadtgebiet und erreicht den Wald. Es folgt eine anspruchsvolle Steigung in Serpentinen hinauf auf 340 Meter. Doch oben angekommen, wartet die Belohnung: Das Schloss Auerbach thront majestätisch auf dem Auerberg, gibt den Blick auf die Weite der Rheinebene und auf den höchsten Berg der Hessischen Bergstraße frei – den Melibokus.

Ein Besuch des Schlosses lohnt sich in jedem Fall, auch wenn dafür ein kleiner Umweg gelaufen werden muss. Es ist die größte Burganlage des Odenwaldes und wurde 2009 bei einer Befragung sogar zum beliebtesten Bauwerk Hessens gewählt. An einer Wand erinnert eine Tafel an die Erbauer und Burgherren: die Grafen Katzenelnbogen, die vom 12. bis 15. Jahrhundert hier ihr prachtvolles Zuhause hatten. Im 17. Jahrhundert ist das Schloss zu einer Ruine verfallen. Seit 2007 ist die Anlage nach Renovierungsarbeiten zugänglich. Wer sich nach dem Anstieg und der Burgbesichtigung eine Stärkung gönnen möchte, kann dies in der Burgschänke mit angeschlossenem Biergarten und Blick ins Tal tun.

Der Weg verläuft dann zum Parkplatz des Schlosses und von dort wieder in den Wald. Ab jetzt geht es fast nur noch bergab. In Hochstädten führt die Route auf der anderen Seite der Straße weiter, es ist also nur ein kurzer Abstecher durch den Ort. Das letzte Stück durch den Wald bringt einen direkt zur Hermann-Schäfer-Eiche. Der Ausblick ist auch hier Balsam für die Seele: im Rücken das Schloss Auerbach und vor einem weites Land und Felder.

Hin & weg: Mit der Bahn von Frankfurt bzw. Heidelberg. Aus dem Odenwald mit der Vias bis Darmstadt-Hauptbahnhof. Von hier weiter nach Bensheim-Auerbach.

Beste Zeit: Ganzjährig (Öffnungszeiten des Schlosses auf www.schloss-auerbach.de).

Dauer & Strecke: 3 Std. reine Gehzeit, 8 km.

Ausrüstung: Wanderschuhe, eventuell Kleingeld zum Einkehren.

Der Wanderweg bietet eine tolle Mischung aus Wald- und Feldwegen (links). Im Fürstenlager (rechts) erwarten einen vor allem klassizistische Bauten, die gegen Ende des 18. Jahrhunderts entstanden sind.

Bald ist dann auch schon der Freundschaftstempel zu sehen, welcher am Rande der Herrenwiese liegt. Von dort ist das Fürstenlager nur noch einen Katzensprung entfernt. Dieses diente im 18. Jahrhundert als Sommerresidenz der Großherzöge von Hessen-Darmstadt. Entlang von Prinzen-, Damen-, Kavaliers- und Stallbau und zuletzt der Orangerie, die heute als Verwaltungs- und Ausstellungsräume genutzt werden, ist in der Folge der Ententeich und schließlich der nette Schwanenweiher zu sehen. Von dort hat man nur noch wenige Hundert Meter zu gehen, dann ist man auch schon wieder am Ausgangspunkt dieser Eskapade angelangt.

FAZIT: KULTUR UND GESCHICHTE TREFFEN HIER AUF EIN FANTASTISCHES PANORAMA. FOTOAPPARAT NICHT VERGESSEN!

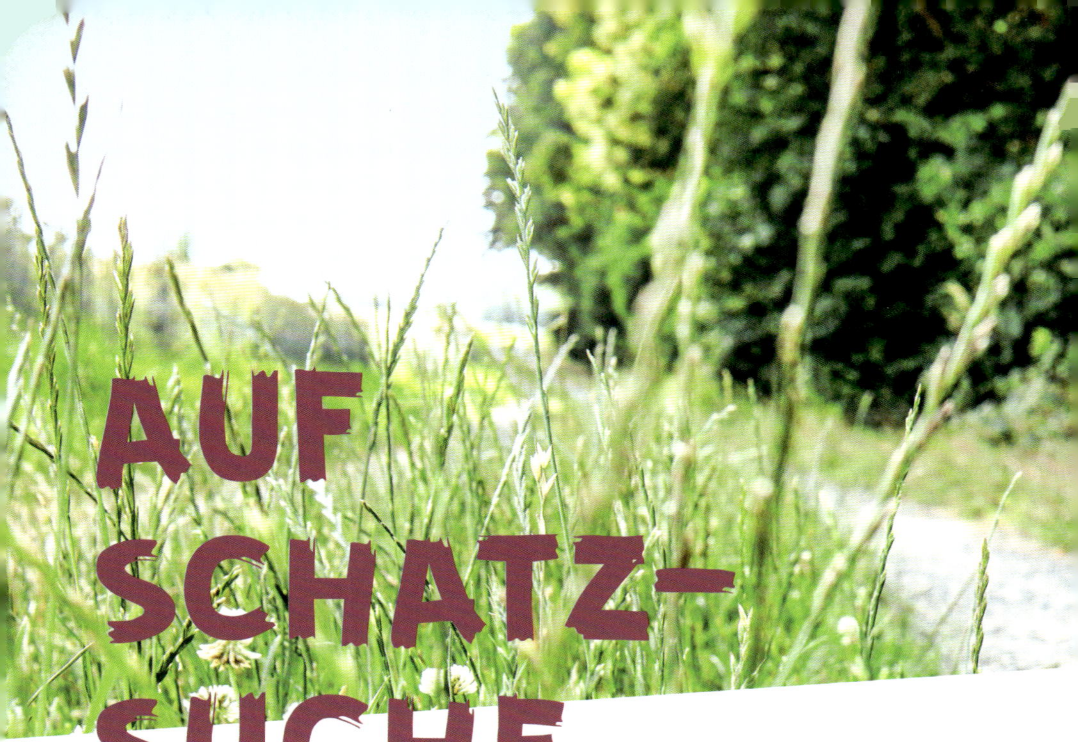

AUF SCHATZ-SUCHE

… in Wertheim

#9

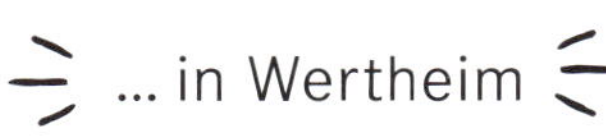

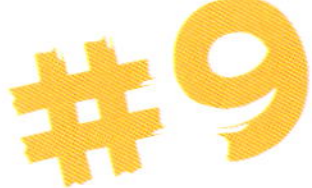

Sich einmal wie ein echter Schatzsucher fühlen … Das geht mit Geocaching ganz einfach! Einer von unzähligen Caches wartet im Wald bei Wertheim. Wer sich nicht vor dem Unterholz fürchtet, kann hier eine Menge Spaß erleben.

#Geocaching #mitAdleraugen #Outdoorspaß #wersuchetderfindet

→ ABSTECHER

Geocaching – oder Deutsch GPS-Schnitzeljagd – ist ein Outdoor-Erlebnis, bei dem die Dauer des Ausflugs maßgeblich von den eigenen Fähigkeiten abhängt, Koordinaten zu lesen, Rätsel zu lösen und an der richtigen Stelle nach dem Schatz zu suchen. Dieser Zeitvertreib verbreitet sich seit den 90er-Jahren. Der Ort des Schatzes, genannt Cache, wird durch Koordinaten auf der Seite www.geocaching.com veröffentlicht und kann anschließend mit einem GPS-Empfänger oder Smartphone gesucht werden.

Auch in Wertheim gibt es mehrere solcher Schätze. Einer verbirgt sich im Wald unweit der Burg. Der Cache ist ein wasserdichter

Um an den Schatz zu gelangen, muss auch mal das Unterholz durchsucht werden. Angst vor allem, was kreucht und fleucht, sollte den Schatzsucher da nicht quälen.

Behälter mit Logbuch und einem kleinen Gegenstand zum Tauschen. Wer sich an dem Vergnügen beteiligen will, bringt einfach eine Kleinigkeit mit und hinterlässt sie anstelle des bisherigen Gegenstands im Behälter.

Los geht die Tour am Waldparkplatz am Ende der Eichelsteige. Von dort verläuft ein Weg in Richtung der Burgruine Wertheim. Aber Achtung: Die Burg ist nicht ausgeschildert. Etwa 800 Meter geht es geradeaus. Den Wald zur Rechten, ein Feld zur Linken. Der Abschnitt ist beliebt bei Joggern, Gassi-Gehern, Wanderern und Radfahrern.

Sobald das Feld endet und ein alter Wehrturm in Sicht ist, ist das Ziel erreicht. An dem Turm vorbei geht es rechts ins Dickicht. Obwohl der Wanderweg nicht weit entfernt liegt, bekommt man von dem regen Kommen und Gehen fast gar nichts mit. Alle Konzentration gilt der Suche nach dem Cache, der sich überall verbergen kann: in den Bäumen, unter Steinen, zwischen dem Laub oder in einem Loch.

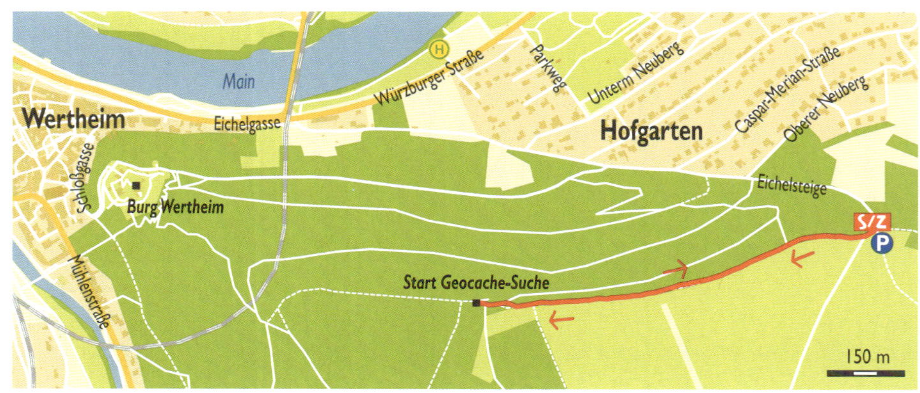

Der Schatz verbirgt sich zumeist in einem kleinen Behälter wie einer Plastikdose. Darin befinden sich dann ein Gegenstand – der Cache bzw. Schatz – und das Logbuch.

Wenn der Geocache gefunden wurde, wird er wieder an der gleichen Stelle versteckt. Der Fund kann im Internet vermerkt und durch Fotos ergänzt werden. So können auch andere Personen – vor allem derjenige, der sich um die Pflege des Schatzes kümmert – verfolgen, wie der Geocache aufgenommen wird und in welchem Zustand er ist.

Das kleine Abenteuer kann übrigens noch ganz nach Gusto verlängert werden: Die sehenswerte Burg von Wertheim (www.burgwertheim.de) ist nämlich gar nicht weit entfernt und auch die Altstadt lädt zu einer Erkundung ein, um den Schatzfund gebührend zu feiern. Wen dagegen das Schatzjagdfieber gepackt hat, der macht sich stattdessen auf die Suche nach den anderen Caches in und um Wertheim.

FAZIT: SPIEL, SPAß UND SPANNUNG! DAS ALLES UND MEHR WARTET BEI DEM GEOCACHING-ERLEBNIS.

Hin & weg: Am besten mit dem Auto und dann auf dem Waldparkplatz parken. Andernfalls mit der Buslinie 977 zur Haltestelle Eichel Würzburger Straße in Wertheim und dann 1,3 km zum Ausgangpunkt laufen.

Beste Zeit: Ganzjährig.

Dauer & Strecke: ca. 1 Std. fürs Wandern, Suchen und Verstecken.

Ausrüstung: GPS-Gerät oder Handy mit installierter App für Geocaching oder Koordinaten allgemein.

AB AUF DIE BURG

... auf dem Burg-Breuberg-Weg

#10

Der leichte Rundweg wartet mit einem offensichtlichen Highlight: die auf einem Hügel thronende mittelalterliche Burg Breuberg. Von oben bietet sich ein ganz herrlicher Ausblick, während die Wanderung durch den Wald mit Stille und Frieden punktet.

#Waldspaziergang #Burgbesichtigung #MittelalterFeeling

Die Wanderung beginnt am Naturwanderparkplatz Gustavsruhe unterhalb der Burg Breuberg, nach der dieser Rundwanderweg benannt wurde. Er führt entlang des Burggrabens mit Blick auf die Burg zur Rechten und ins Mümlingtal zur Linken. Wer die Anlage besichtigen möchte, deren Gebäude zwischen dem 12. und dem 17. Jahrhundert erbaut wurden, kann sich einer der geführten Touren anschließen. Mittelalterfans lernen hier allerlei Wissenswertes über die Festung und bestaunen unter anderem den 85 Meter tiefen Brunnen oder das älteste Bauwerk, den 25 Meter hohen Bergfried. Erklimmt man die 116 Stufen des Letzteren bis zur Aussichtsplattform, wird man mit einem Weitblick belohnt, der an klaren Tagen bis zum Spessart und Taunus reicht.

Der offizielle Rundwanderweg führt jedoch nur um den Burggraben herum und nach der vollen Umrundung in den Wald. Aber zuvor gilt es, eine Entscheidung zu treffen: Treppe oder Rutsche? Denn hier kann man das Kind in sich herauslassen und die Wanderung mit einer kurzen Rutschpartie beginnen. Für die Erwachsenen wartet daneben aber auch eine normale Treppe.

Bergab geht es bis zur Gustavsruhe und dann über einen kurzen Feldweg mit Blick ins Tal wieder in den Wald. Der Weg führt eine Weile am Waldrand entlang, sodass man immer wieder durch die Bäume und Blätter den schönen Blick über das Feld und hinab zum Dorf genießen kann. An der Schwedenschanze, einem ehemaligen Belagerungsplatz, verläuft ein schmaler Weg durchs Unterholz auf den Scheuerberg hinauf. Hier scheint die Zivilisation weit entfernt und man fühlt sich der Natur ganz nah.

Auch wer keine Zeit für eine Burgbesichtigung hat, kommt dieser ganz nah: Der Wanderweg führt entlang des Burggrabens und bietet tolle Fotomotive.

Anschließemd kreuzen sich dieser kleine und der Hauptwanderweg. Letzterem folgend, wird bald der Jugendzeltplatz der Burg Breuberg erreicht. Danach geht es schließlich zum Endspurt: Noch einmal führt der Weg leicht bergauf und endet zu guter Letzt wieder am Ausgangspunkt mit dem herrlichen Blick auf die Burganlage.

FAZIT: PERFEKT FÜR EINEN LÄNGEREN SPAZIERGANG MIT GESCHICHTLICHEM SCHMANKERL NACH FEIERABEND.

Hin & weg: Mit der Odenwaldbahn bis Höchst/Odw, von dort mit dem Bus der Linie 20 bis zur Haltestelle Neustadt-Markt in Breuberg-Neustadt und dann zu Fuß hoch zur Burg. Alternativ mit dem Auto zum Parkplatz Gustavsruhe im Burgweg in Breuberg.

Beste Zeit: Ganzjährig (Öffnungs- und Führungszeiten unter www.burg-breuberg.de).

Dauer & Strecke: Ca. 2 Std. reine Gehzeit für 7 km.

Ausrüstung: Bei Bedarf etwas Kleingeld für eine Führung in der Burg.

OFFLINE IM GRÜNEN

 … von Wiesthal zu den Aubachseen 

#11

Wer einen ungestörten Nachmittag oder Abend im Grünen verbringen möchte, liegt mit dieser Wanderung goldrichtig. Nicht einmal das Handy wird einen stören, denn nach Empfang sucht man vergeblich. Da hilft nur eines: Abschalten – und zwar in jedem Sinne.

#Naturpur #RundwegdurchdenWald #Seenliebe #abschalten

Bis auf den Schlenker durch Habichsthal steht dieser Rundweg ganz im Zeichen von »Natur pur«.

In Wiesthal ticken die Uhren ein wenig langsamer. Bereits im 11. Jahrhundert wurde der Glasmacherort urkundlich erwähnt. Er blickt also auf eine lange Geschichte zurück. Die Tour startet am Alten Platz und führt durch den Ort hindurch, wo schon bald ein Bach überquert wird.

Nun führt der Weg zu einem Feld. Der Blick zurück auf Wiesthal lohnt sich. Eine Bank lädt dazu ein, diesen Ausblick länger zu genießen. Weiter geht's in den Wald hinein, der ein angenehmer, da kühler Rückzugsort an heißen Tagen ist. Dem Weg Richtung Habichsthal folgend, werden die Aubachseen passiert. Die drei Seen sind logisch unterteilt: in einen oberen, einen mittleren und einen unteren See, die alle durch Dämme miteinander verbunden sind. Die Wildromantik kann man wieder auf einer Bank auf sich wirken lassen, bevor der Weg aus dem Wald herausführt. Über eine Anhöhe spaziert man in Richtung einer alten Mühle. Dies ist die Habichsthaler Dorfmühle, an der früher jeder Bauer an seinem eigenen Mahltag die gemeindliche Mühle nutzen durfte. Hier wird es Zeit, dem Aubach den Rücken zuzukehren, der weiter seines Weges fließt.

Kurz darauf wird Habichsthal erreicht. Auch dieser Ort war im Spätmittelalter dem Glasmacherhandwerk verschrieben. An der beeindruckenden Kirche St. Thekla macht der Weg eine Kurve und verläuft dann, am Friedhof vorbei, wieder aus dem Ort hinaus. Der letzte Abschnitt führt durch den Wald, vorbei an einem kleinen steinernen Kreuz und dem Habichsthaler Heiligen, einem Bildstock, der im 18. Jahrhundert an dem alten Kirchweg er-

richtet wurde. Aus dem Wald heraus gelangt man zurück nach Wiesthal und nach nur kurzer Zeit zum Alten Platz – dem Ausgangspunkt der Wanderung.

FAZIT: ABSCHALTEN UND DIE WILDROMANTIK GENIEßEN!

Hin & weg: Mit dem RE4627 nach Wiesthal. Alternativ den Alten Platz ansteuern und dort parken.

Beste Zeit: Ganzjährig.

Dauer & Strecke: 3 Std. reine Gehzeit, 9,6 km.

Ausrüstung: Wanderschuhe. Die Karten herunterladen, da es nur an wenigen Flecken Handyempfang gibt.

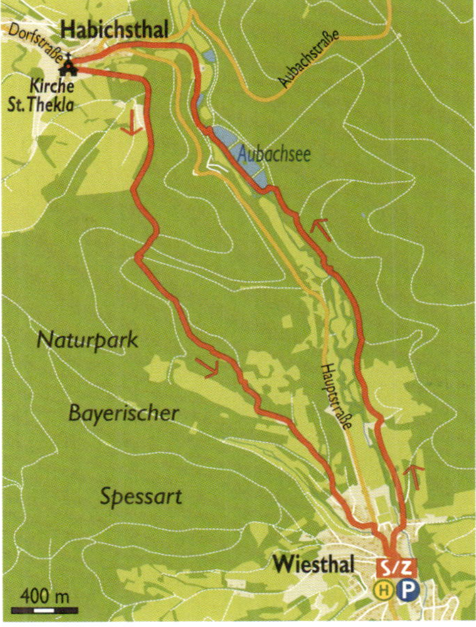

BALANCE IN FÜNF AKTEN

... im Kletterwald Spessart

Die Muskeln brennen und der Atem geht schnell. Diese Eskapade ist nichts für Warmduscher. Muskelkraft, Balancier- und Durchhaltevermögen sind gefragt, wenn man alle fünf Kletterparcours durchlaufen möchte. Und die Uhr tickt!

#Klettermax #Balanceakt #gutfesthalten #inluftigerHöhe

Der sogenannte Flying Fox lässt Mutige in 30 Metern Höhe über die Köpfe der anderen hinweggleiten.

Fünf Stationen und der Flying Fox warten im Kletterwald Spessart in Heigenbrücken. Bereits seit 2008 kann man hier seine Fähigkeiten unter Beweis stellen: Klettern, Gleichgewicht halten, Haltung wahren, wenn man doch mal kurz vorm Fallen ist. Es ist wahnsinnig anstrengend, macht aber auch unglaublichen Spaß.

Eine Einführung gibt es an einem Tablet, nachdem man von einem Mitarbeiter fachmännisch die Kletterausrüstung angelegt bekommen hat. An einem Beispieldrahtseil können der Expoglider – das Sicherungssystem, das den Kletterwald Spessart zu einem der sichersten Kletterparcours Deutschlands gemacht hat – und die Seilrolle getestet werden. Sie sichern den Kletterer an jeder Stelle.

Dann geht es los! Der erste Parcours ist blau und hat einen leichten Schwierigkeitsgrad. Das ermöglicht ein langsames Herantasten an

das System und das Gefühl, in luftiger Höhe zu balancieren. Der Adrenalinpegel steigt langsam, während man sich von Plattform zu Plattform mit immer neuen Herausforderungen wagt. An den Bäumen finden sich zusätzliche Instruktionen, sodass im Normalfall nichts schiefgehen kann. Dennoch ist es immer wichtig, sich und seine Kräfte einzuschätzen. Und auch wenn es hier durchaus darum geht, seine Grenzen auszuloten, ist es keine Schande, um Hilfe zu bitten, wenn man diese erreicht hat. Das geschulte Personal steht dafür stets bereit und ruft auch so immer mal wieder Tipps vom Boden herauf.

Nach dem blauen Parcours folgt der grüne, der leicht bis mittelschwer ist. Ungeübte können hier bereits ganz schön ins Schwitzen kommen. Die erste große Herausforderung stellt der rote mittelschwere Weg dar, der nicht nur schwieriger, sondern auch länger ist als die vorherigen. Mit dem orangefarbenen Parcours wartet eine weitere mittelschwere

---

Hin & weg: Mit dem RE4629 nach Heigenbrücken. Vom Bahnhaltepunkt sind es 15 Minuten zu Fuß zum Kletterwald. Für Autofahrer steht ein kostenloser Parkplatz zur Verfügung.

Beste Zeit: Im Sommer, wenn es schön warm ist. Der Kletterwald ist von Ostern bis zum Ende der bayrischen Herbstferien geöffnet (Reservierung notwendig, Infos unter www.kletterwald-spessart.de).

Dauer: 2,5 Std. reine Kletterzeit.

Ausrüstung: Handschuhe und einen Schlauchschal. Beides kann aber auch für kleines Geld im Kletterwald erworben werden.

Um die Parcours zu absolvieren, braucht man eine Handvoll Balance, eine Prise Muskelkraft und einen Hauch Geschick. Für alles andere sorgt die Sicherung durch den Expoglider.

Strecke. Wer danach noch genug Kraft hat, darf sich an den schweren, den schwarzen Parcours heranwagen.

Mit dem Flying Fox können der Kletterwald und der angrenzende Wildpark von oben betrachtet werden. Eine herrliche Aussicht! Aber der Absprung – genauer gesagt das Loslassen – kann ein bisschen Überwindung kosten. Schließlich gleitet man nicht alle Tage in solch einer Höhe über die Köpfe seiner Mitmenschen hinweg.

FAZIT: MUSKELKATER GARANTIERT! ABER AUCH EIN HEIDENSPAß FÜR ALLE, DIE KEINE HÖHENANGST HABEN.

Auch an die Kinder wurde gedacht, für sie gibt es drei Stationen. Die 2,5 Stunden Kletterzeit vergehen so wie im Flug.

LEICHT
UND
SCHWER
Hörbank 
Touristinfo
Bürgerverein
(1) Schlossplatz

MAN HÖRE UND STAUNE!

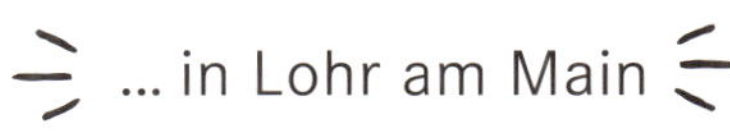

Einen etwas anderen Stadtrundgang kann man in Lohr am Main erleben. Hier wurden Hörbänke und Hörbäume eingerichtet, um interessierten Spaziergängern Hintergrundinformationen zu geben. Also Handy mit QR-Code-Scanner in die Hand und los geht's!

#Schneewittchenstadt #Hörbäume #Hörbänke #Sightseeingmalanders

Wer an Lohr am Main denkt, hat vielleicht gleich Schneewittchen im Kopf. Richtig, im Lohrer Schloss soll das Mädchen mit der Haut so weiß wie Schnee, den Lippen so rot wie Blut und den Haaren so schwarz wie Ebenholz aufgewachsen sein. Doch seit einiger Zeit erwartet einen hier eine außergewöhnliche Art des Sightseeings.

Alles fing mit den Hörbänken an. Die ursprüngliche und schlichte Idee war es, Spaziergängern interessante Informationen zu einem lokalen Thema zu geben: dem Lohrer Dialekt. Also wurden entsprechende Texte eingesprochen, sechs Bänke mit QR-Codes versehen, die zu den Audiodateien führen, und schon konnte es losgehen. Die Bänke be-

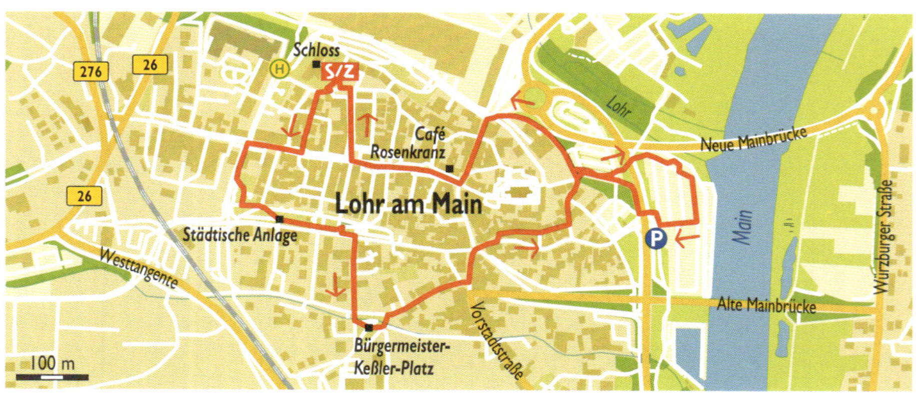

Vor den Hörbäumen stehen Schilder mit dem Namen des Baumes und einem QR-Code (links). In der städtischen Anlage wartet Schneewittchen – dies ist eine von zwei Statuen der bekanntesten Lohrerin.

finden sich auf dem Schlossplatz, dem Marktplatz, dem Bürgermeister-Keßler-Platz und in der Städtischen Anlage – einem Parkgelände am Rande der Altstadt. Das Schneewittchenschloss kann dabei natürlich auch gleich besichtigt werden.

2017 kamen dann die Hörbäume hinzu. Als Schulprojekt geboren, erklären nun 14 Lohrer Bäume allerlei Wissenswertes über… sich selbst! Die Schüler, die die Texte selbst verfasst und eingesprochen haben, erzählen aus der Ich-Perspektive des Baumes und erläutern seine Eigenheiten oder wie der Baum überhaupt nach Lohr am Main gelangt ist. Denn die meisten der Hörbäume sind hier gar nicht heimisch, sondern eher exotische Einzelgänger. Zu finden sind die Bäume, vor denen ein kleines Schild mit dem Namen und dem QR-Code steht, am Schloss, in der Städtischen Anlage und auf dem Parkplatz Seeweg.

Hin & weg: Mit der (Regional-)Bahn zum Lohrer Bahnhof und dann mit dem Bus über den ZOB zur Haltestelle Krankenhaus oder mit dem Auto eines der zahlreichen Parkhäuser in der Altstadt wählen.

Beste Zeit: Ganzjährig, mittwochs oder samstags während des Marktes.

Dauer & Strecke: Etwa 2 Std. für die 3 km lange Stadttour plus Einkehr.

Ausrüstung: Ein Smartphone zum Scannen der QR-Codes und etwas Kleingeld für Kaffee und Kuchen. Die Audiodateien findet man unter www.lohr.de/tourismus-und-kultur

---

Läuft man die Hörbänke und Hörbäume ab, ergibt sich ein Stadtrundgang der etwas anderen Art. Wer nicht jeden QR-Code findet, kann auf der Website von Lohr am Main schauen und die Audiodateien dort in aller Ruhe der Reihe nach durchgehen. So steht weniger die Suche als die Stadttour und das Genießen der schönen Altstadt und des Parks im Vordergrund.

Zum Abschluss bieten kleine Lokale wie das Café Rosenkranz (www.cafe-rosenkranz.de) in der Altstadt einen schönen Rahmen, um bei einer Tasse Kaffee und einem Stück Kuchen die Atmosphäre der Schneewittchenstadt auf sich wirken zu lassen.

FAZIT: SIGHTSEEING MAL ANDERS! MIT DEN LOHRER HÖRBÄNKEN UND HÖRBÄUMEN KANN DIE SCHNEEWITTCHENSTADT AUF BESONDERE WEISE ERLEBT WERDEN.

AUF KUSCHEL-KURS

... in Reichelsheim

#14

Sie sind seit einiger Zeit schon im Trend. Neben ihrer wärmenden Wolle sind die flauschigen Tiere dafür bekannt, dass man mit ihnen auf entspannte, aber auch spaßige Wanderungen gehen kann. Die Rede ist natürlich von Alpakas!

#Alpakaglück #Alpakassindcool #RundwanderungmitAlpakas

→ ABSTECHER

Die flauschigen Tiere aus den Anden wurden bereits vor 3000 Jahren domestiziert.

In Reichelsheim im Odenwald wartet eine Ausflugsmöglichkeit der ganz besonderen Art. Über 40 Alpakas stehen hier bereit, um auf eine beruhigende Wanderung zu gehen. Es gibt sie in 22 Farben, womit sie den größten Farbenreichtum im Tierreich aufweisen. Außerdem sind sie wahnsinnig süß, aber Achtung: Sie spucken! Theoretisch zwar nur auf ihre Artgenossen, aber wenn man ihnen auf die Pelle rückt, weil man mit ihnen kuscheln möchte, kann es sein, dass man plötzlich gebadet wird. Kein Grund zur Panik: Einfach die nötige Distanz wahren und alles bleibt trocken.

Treffpunkt für die Wanderung ist der Alpaka-Laden. Von dort geht es im Konvoi mit den anderen Gästen zur Farm, die nur wenige Minuten entfernt liegt. Dort angekommen, wer-

den die Alpakas ausgewählt. Dann wird ihnen das Zaumzeug angelegt und jeder Besucher bekommt eine Leine samt Alpaka in die Hand gedrückt. Die Wanderung findet ab sechs gebuchten Alpakas statt. Man kann aber auch so, ohne Alpaka, mitlaufen.

Auf fünf Kilometern führt der Weg durch den Wald, am Feldrand entlang und, je nach Jahreszeit, durch ein Maisfeld. Die Aussicht auf das Schloss Reichenberg ist herrlich und an einigen Stellen kann man bis zur Veste Otzberg blicken. Mit den Alpakas an der Hand ist die Aussicht gleich doppelt so schön! Etwa auf der Hälfte der Strecke wird Rast gemacht. Dafür bietet die Klößbuckelhütte den perfekten Ort: Die Alpaka-Leinen können sicher angebracht werden und unter dem Dach sind die Wanderer geschützt vor dem Wetter. Dort kann man sich setzen und selbst mitgebrachte Snacks zur Stärkung genießen. Für die fröhlichen Vierbeiner gibt es Kraftfutter. Einfach aus der flachen Hand füttern und sich freuen.

Begleitet vom Brummen der Tiere vergeht die Wanderung wie im Fluge. Schon schließt sich

---

Hin & weg: Mit der Buslinie 30 von Michelstadt nach Reichelsheim. Für die Anreise mit dem Auto die Sudetenstraße 14 ansteuern und dort parken.

Beste Zeit: Ganzjährig.

Dauer & Strecke: Etwa 3 Std. für 5 km.

Ausrüstung: Wanderschuhe und je nach Temperatur und Wetter Handschuhe. Die Wanderung kann über www.odenwald-alpakas.de gebucht werden.

Heute werden Alpakas wegen ihres ruhigen Wesens oft als Therapietiere eingesetzt – und das, obwohl die meisten von ihnen gar nicht darauf stehen, angefasst zu werden.

das Farmgatter hinter einem und die Alpakas werden abgeleint. Schade! Aber es folgt noch ein Highlight: Fütterung ist angesagt. Mit der großen Schüssel Pellets in der Hand ist man der Star auf dem Hof. Plötzlich umgeben einen fünf Alpakas gleichzeitig und wollen ihren Teil abhaben.

Zum Abschluss geht es zurück zum Alpaka-Laden. Hier kann man in den Alpaka-Produkten stöbern und erhält – pro gebuchtem Alpaka – ein Paar Socken. Ob ein Poncho, ein Schal oder Strickgarn ... die Alpaka-Sachen halten warm und sind wahnsinnig bequem.

FAZIT: ALPAKAS SIND DIE RICHTIGE WAHL FÜR ALLE, DIE ABSCHALTEN WOLLEN UND EINE ENTSPANNTE WANDERUNG MIT TIERISCHEM SPAß SUCHEN.

→ ABSTECHER …

ENTSPANNT IN DEN TAG

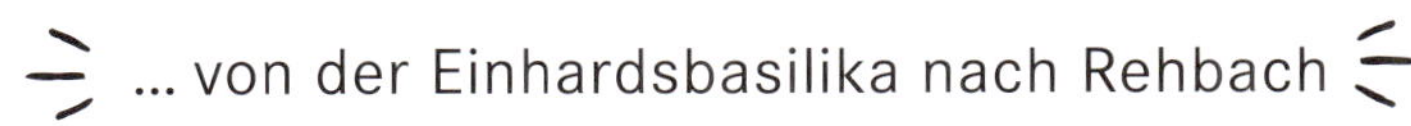

… von der Einhardsbasilika nach Rehbach

#15

An zehn Stationen werden Strophen des Sonnengesangs von Franz von Assisi vorgestellt. Das bedeutet: Zeit, um in sich zu gehen, nachzudenken und dabei die Wärme der aufgehenden Sonne zu spüren – und mit ihr das Leben!

#Meditationsweg #Sonnenaufgang #derfrüheVogelfängtdenWurm

Die aufgehende Sonne ist angenehm warm und spendet Kraft für den anbrechenden Tag.

Ein Gesang zum Lobpreis Gottes auf die Schöpfung, an die Sonne, den Mond und den Tod. Das ist der Sonnengesang des Heiligen Franz von Assisi, den er während einer Krankheit kurz vor seinem Tod verfasste. Darin geht es um die Dankbarkeit für das Leben sowie um das Akzeptieren der eigenen Vergänglichkeit.

Los geht die Wanderung an der Einhardsbasilika, von wo der Weg mit der Markierung T startet. Die erste Station befindet sich an der Höhenstraße nahe dem Parkplatz. An der Kirche vorbei führt der Weg nach rechts und hoch ins Feld. Die nächsten Stationen stehen direkt am asphaltierten Feldweg. Vor dem Wald geht es nach links zur vierten Station. An einer Wegkreuzung, an der sich auch ein Parkplatz befindet, steigt der Weg dann kurzzeitig an und verläuft anschließend wieder nach links.

An der sechsten Station macht die Route eine Biegung nach links und verlässt den Wald wieder. Vor einem liegt nun ein freies Feld. Im Herbst türmt sich hier ein Maisfeld zur Rech-

---

Hin & weg: Mit der Odenwaldbahn nach Michelstadt und von dort zu Fuß zur Einhardsbasilika. Wer mit dem Auto anreist, kann auf dem Parkplatz an der Kirche parken, an dem die Tour beginnt.

Beste Zeit: Ganzjährig zum Sonnenaufgang. Am besten im Spätsommer oder Herbst, wenn es nicht so früh hell wird, aber die Sonne noch Kraft hat.

Dauer & Strecke: Etwa 3 Std. für 10 km.

Ausrüstung: Wanderschuhe und je nach Temperatur und Wetter eine Jacke, Schal und Handschuhe. Vor Sonnenaufgang kann es empfindlich kalt sein.

Die Einhardsbasilika (oben) ist Startpunkt und zugleich Highlight des Meditationswegs. Die Tafeln (unten) markieren den Weg und führen gleichzeitig durch den Sonnengesang von Franz von Assisi.

ten auf, durch das sich die Strahlen der Morgensonne ihren Weg bahnen. Sie haben nun schon etwas Kraft und wärmen einem nach dem kurzen Abschnitt durch den kühlen Wald die Haut.

Bald weisen die Schilder wieder den Weg nach links und kurz darauf nochmal hinein in den Wald. Am Waldeingang lädt eine weitere Station mit einer Bank dazu ein, die Sonne zu genießen und die Worte des Gesangs auf sich wirken zu lassen.

Die ersten Häuser sind schon am Rand des Waldes auszumachen und bald ist Rehbach erreicht. Am Friedhof steht eine weitere Station und die Kirche ist ideal für einen schnellen Fotostopp. Rechts zwischen den Häusern führt der Weg erneut ins Feld. Mit etwas Glück lässt sich hier ein Reh erspähen. An der sogenannten Russeneiche wartet die zehnte und letzte Station des Meditationsweges. Zurück geht es schließlich auf gleicher Strecke.

FAZIT: MORGENDLICHE WANDERUNG FÜR EINEN ENTSPANNTEN START IN DEN TAG! VOR ALLEM FRÜHAUFSTEHER WERDEN HIER IHRE FREUDE HABEN.

ROMANTIK AM WASSER-SCHLOSS

… auf dem Julius-Echter-Weg in Mespelbrunn

Vom Schloss Mespelbrunn über einen Panoramaweg, vorbei an elf Stationen, die von Leben und Wirken des Fürstbischofs Julius Echter erzählen. Der Rundweg verbindet Geschichte, Kultur und Natur. Außerdem bietet er die Möglichkeit, Schloss Mespelbrunn zu besichtigen.

→ ABSTECHER ...

Der Blick auf Hessenthal und die Wallfahrtskirche lädt dazu ein, auf der Bank am Wegesrand zu verweilen.

Als der Spessart noch ein wilder, nicht erschlossener Wald war, schenkte der Erzbischof Johann von Mainz dem Ritter Hamann Echter den Platz zum Espelborn. Zunächst lebte die Familie in einem unbefestigten Weiherhaus, aber 1427 beschloss der Sohn des Ritters, ein befestigtes Haus zu errichten. Nachfolgende Generationen bauten dieses karge Haus dann in ein Wasserschloss um. Genau dieses Wasserschloss ist heute das bekannteste Ausflugsziel und Symbol des Spessarts: das Schloss Mespelbrunn.

Die Wanderung beginnt am Eingang des Schlosses. Wer möchte, kann es vor oder nach der Tour besichtigen. Eine Führung ist im

Die Wallfahrtskirche in Hessenthal ist ein echter Hingucker. Der kleine Umweg lohnt sich!

Eintrittspreis enthalten. Benannt wurde der Wanderweg nach einer der Personen, die Unterfranken am meisten geprägt haben: der auf Schloss Mespelbrunn geborene Julius Echter. Unter anderem gründete er die Universität Würzburg. Informationstafeln entlang des Weges beschreiben sein Leben und Wirken.

Das Schloss und die erste Station im Rücken, geht es am Schlosshotel vorbei Richtung Parkplatz. Am Ende der Straße führt der Weg rechts hoch in den Kapellenweg zu einer ersten Steigung. Mit jedem Schritt verbessert sich der Blick auf die Gruftkapelle auf der anderen Seite des Tals. Nach der zweiten Station beginnt ein Nordic-Walking-Abschnitt, an der eine Holzstatue des jungen Julius Echter neben der Infotafel über seine ersten Jahre in Würzburg steht. An der dritten Station geht es um Mespelbrunn und den Ort Hessenthal im 16. Jahrhundert.

Die Zeit, in der Julius Echter die Universität Würzburg gründete, wird an der vierten Station näher beleuchtet. Es folgt ein Panoramaweg mit herrlichem Blick ins Tal. Am Abzweig zur Dreifaltigkeitskapelle wartet die fünfte Station, die ein dunkles Kapitel des 16. Jahrhunderts beleuchtet: die Hexenprozesse. Danach führt der Weg durch einen kurzen Waldabschnitt und erreicht eine Wassertretanlage. Wer das kühle Nass nicht scheut, kann hier aus den Wanderschuhen schlüpfen und das kühle Quellwasser auf der Haut genießen. Daneben finden Sportbegeisterte auch ein Outdoor Gym.

Die siebte Station liegt auf einem Weg direkt oberhalb von Hessenthal und der Blick auf die imposante Wallfahrtskirche ist traumhaft. Schafe und Kühe weiden für gewöhnlich auf den Feldern, die ins Tal hinabführen. Noch ein Schlenker und schon ist Hessenthal erreicht. Die Wallfahrtskirche ist nicht nur aus der Vogelperspektive schön, sondern lohnt auch einen Besuch.

Weiter geht's zum Endspurt: Über eine kleine Brücke verläuft der Weg nun entlang des Baches Elsava, wo die Stationen neun, zehn und elf warten. Zum krönenden Abschluss gelangt man noch zur Gruftkapelle, die zu Beginn nur von oben zu sehen war. Kurz darauf ist das Schloss Mespelbrunn wieder in Sichtweite.

Wer Glück hat, dem zeigt sich bei einem Besuch im Wasserschloss der Schwan des Hauses (links). An der Wassertretanlage wartet auch ein Outdoor-Gym (rechts).

FAZIT: EIN KULTURWEG DER ANDEREN ART! INTERESSANT UND ZUGLEICH EINE GEBALLTE MISCHUNG AUS DORFIDYLL UND NATUR MIT WÄLDERN UND FELDERN.

Hin & weg: Am besten mit dem Auto. Mespelbrunn liegt unweit der A3. Das Schloss hat einen kostenpflichtigen Parkplatz.

Beste Zeit: Ganzjährig (Öffnungs- und Führungszeiten unter www.schloss-mespelbrunn.de).

Dauer & Strecke: 3 Std. reine Gehzeit, 9 km.

Ausrüstung: Wanderschuhe, Kleingeld für den Parkplatz, zum Einkehren und für den Eintritt ins Schloss.

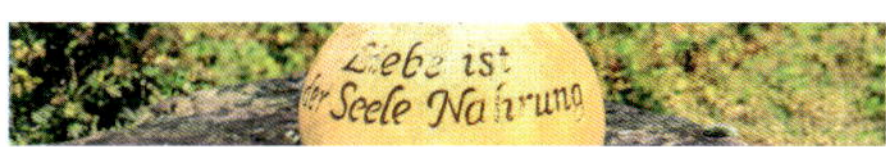

Tel. Liftstation:
0170/6348043
8

BERGAB IM BOB

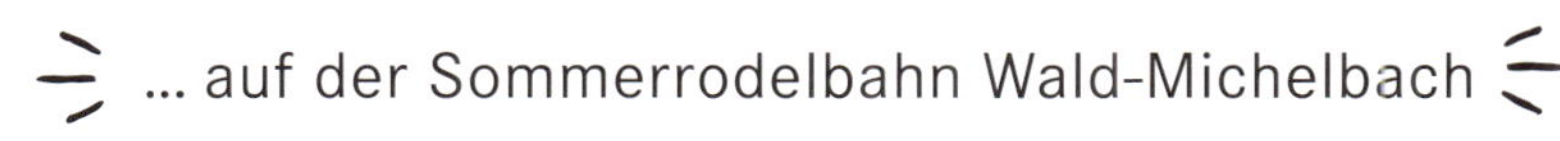

... auf der Sommerrodelbahn Wald-Michelbach

#17

Hinsetzen, anschnallen, Spaß haben. Wer sagt, dass man nur im Winter rodeln kann? Auf einer Sommerrodelbahn geht das im Hochsommer, bei Regen und eigentlich wann immer einen die Lust nach einem Adrenalinkick packt.

#rasantunterwegs #Rodelnallyearround #Rodelspaß #Adrenalinjunkie

1000 Meter ist sie lang, überquert eine Landstraße und führt über zwei Kreisel in einer Höhe von bis zu sechs Metern. Die Rede ist von der Sommerrodelbahn in Wald-Michelbach im Herzen des Überwalds, dem südlichen Teil des Odenwalds. Hier warten Fahrspaß und Nervenkitzel auf alle, die sich in einen der gelben Schlitten wagen, der mit bis

Die Kreisel sind die Höhepunkte der Sommerrodelbahn. Das Adrenalin schießt in die Höhe, wenn die Schlitten mit Vollgas in die Kurve preschen.

zu 40 Kilometern pro Stunde ins Tal saust. Das Tempo kann jeder selbst bestimmen. Einfach die Hebel nach vorne drücken – keine Panik, es wird alles genau erklärt – und losdüsen!

Zum Bremsen können die Hebel lockergelassen werden. Passieren kann eigentlich nichts: Die Schlitten sind mit einem System ausgestattet, das automatisch bremst, wenn sich zwei von ihnen zu nahekommen. Auch Abschnallen ist während der Fahrt nicht möglich, sodass man nicht hinausfallen kann. Safety first! So steht dem Spaß nichts im Wege.

Nach etwa drei Minuten ist die rasante Talfahrt vorbei und der Bob wird automatisiert über einen Lift wieder nach oben zur Bergstation gezogen. Einfach sitzen bleiben und den hervorragenden Blick auf den schönen Odenwald genießen. Und auf den einen oder anderen Sommerrodler, wie er mit erhobenen Armen und fröhlich schreiend ins Tal saust.

Hin & weg: Mit dem Auto. Vor der Sommerrodelbahn gibt es einen Parkplatz.

Beste Zeit: Ganzjährig.

Dauer: Nach Lust und Laune. Eine Fahrt dauert ca. 3 Min.

Ausrüstung: Kleingeld für die Fahrkarten und eventuell zum Einkehren.

Oben angekommen, fällt die Wahl schwer: Noch eine Runde? Oder lieber den Panoramablick genießen und auf der Sonnenterrasse relaxen? Der Rodelkiosk wartet mit Snacks und Erfrischungen. Wen es nach noch mehr Outdoor-Spaß verlangt, der kann in den Kletterwald nebenan gehen. Dort sorgt der Flying Fox für ein weiteres Fahrvergnügen in luftiger Höhe. Für Kinder steht außerdem ein spannender Spielplatz mit Rutschen, einem Klettergerüst und Labyrinth bereit.

FAZIT: EGAL OB FÜR DEN SCHNELLEN KICK NACH FEIERABEND ODER EINEN AUSFLUG AM WOCHENENDE – AUF DER SOMMERRODELBAHN WIRD MAN NICHT ENTTÄUSCHT.

PADDEL & CHILL

#18

Wer die Welt einfach mal Welt sein lassen will, sollte die Perspektive wechseln. Vom Wasser aus scheint plötzlich alles ganz weit weg. Es wirkt beruhigend und die Sonne füllt den Vitamin-D-Haushalt wieder auf. So lässt es sich leben!

#amUferentlang #demWassersonah #einfachmaltreibenlassen

Flussaufwärts kann bis zur Staustufe Guttenbach gepaddelt werden. Ein vorbeifahrendes Schiff ist beeindruckend, sorgt aber auch für Wellen. Also aufpassen!

Neckargerach ist klein, aber oho! Wie der Name schon sagt, am Neckar gelegen, bieten sich hier so einige Möglichkeiten für Outdoor-Erlebnisse. Wandern und Radfahren sind als Klassiker natürlich ganz vorn dabei. Aber auch wer etwas Außergewöhnliches erleben möchte, ist hier genau richtig. Im Odenwald Camp können neben Kanus nämlich auch Boards für Stand Up Paddling - oder kurz SUP - gemietet werden.

Stehend zu paddeln ist zwar noch nicht lange in Deutschland bekannt, hat aber eine lange Tradition. Bereits frühe Völker, zum Beispiel in Polynesien, bewegten sich auf diese Weise fort. Ergibt eigentlich auch Sinn. Denn stehend hat man eine weitere Sicht und kann damit Gefahrensituationen schneller einschätzen. Heutzutage liegt es auch hierzulande voll im Trend. Beliebt sind dafür vor allem Seen, aber auch Flüsse eignen sich unter gewissen Umständen. Dies ist beim Neckar der Fall und so steht dem Paddelspaß nichts im Wege.

Im Camp gibt es eine kurze Videoeinweisung zur Sicherheit und zu technischen Fragen. Dann erhält man Board und Paddel und schon geht es los: Von einem Steg kann das Brett, das einem Surfbrett gar nicht so unähnlich sieht, zu Wasser gelassen werden. Leash, also eine Sicherheitsleine, am Knöchel anbringen und schon beginnt die Tour. Zunächst empfiehlt es sich, auf den Knien zu bleiben, bis man sich sicher genug zum Aufstehen fühlt. Links geht es stromaufwärts und Paddeln ist angesagt. Nach etwa 40 Minuten ist eine Schleuse erreicht. Dort muss das Board gewendet werden.

Hin & weg: Mit der Bahn nach Neckargerach und von dort etwa 1 km zu Fuß zum Campingplatz von www.odenwald.camp. Alternativ über die B37 mit dem Auto nach Neckargerach und direkt beim Campingplatz parken. Das Camp liegt aber nahe dem Neckarsteig, sodass es auch zu Fuß und zum Beispiel für Wanderer super erreichbar ist.

Beste Zeit: Wann immer die Sonne scheint.

Dauer & Strecke: Etwa 3 Std. reine Paddelzeit für 11 km.

Ausrüstung: Je nach Bedarf Wasser und Snacks. Bei Kälteempfindlichkeit eventuell einen Neoprenanzug. Das SUP-Board kann über www.kanu-bike.de reserviert werden.

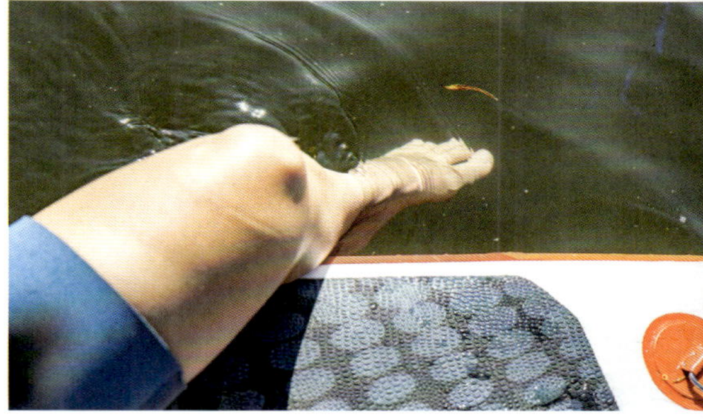

Ob mit dem eigenen Board oder einem geliehenen – beim Stand Up Paddling entdeckt man die Welt aus einer völlig neuen Perspektive. Also Kamera in den Dry Bag und los geht's!

Spätestens jetzt kann die Sonne genossen werden. Das Brett bietet genug Platz zum Hinlegen, sodass man sich einfach treiben lassen kann. Wer genug Sonne getankt hat, paddelt gemütlich zurück zum Ausgangspunkt.

Tipp: Wer die Tour anschließend an Land nachlaufen möchte, kann einfach vom Bahnhof Neckargerach zur Margarethenschlucht (Eskapade #4) wandern. Auf dem Weg dorthin bieten sich herrliche Blicke ins Neckartal.

FAZIT: ALLTAG AUS, WOCHENENDMODUS AN! DIE KURZE RUNDE AUF DEM WASSER BRINGT NEUE ENERGIE UND LÄSST DIE LEBENSGEISTER ERWACHEN.

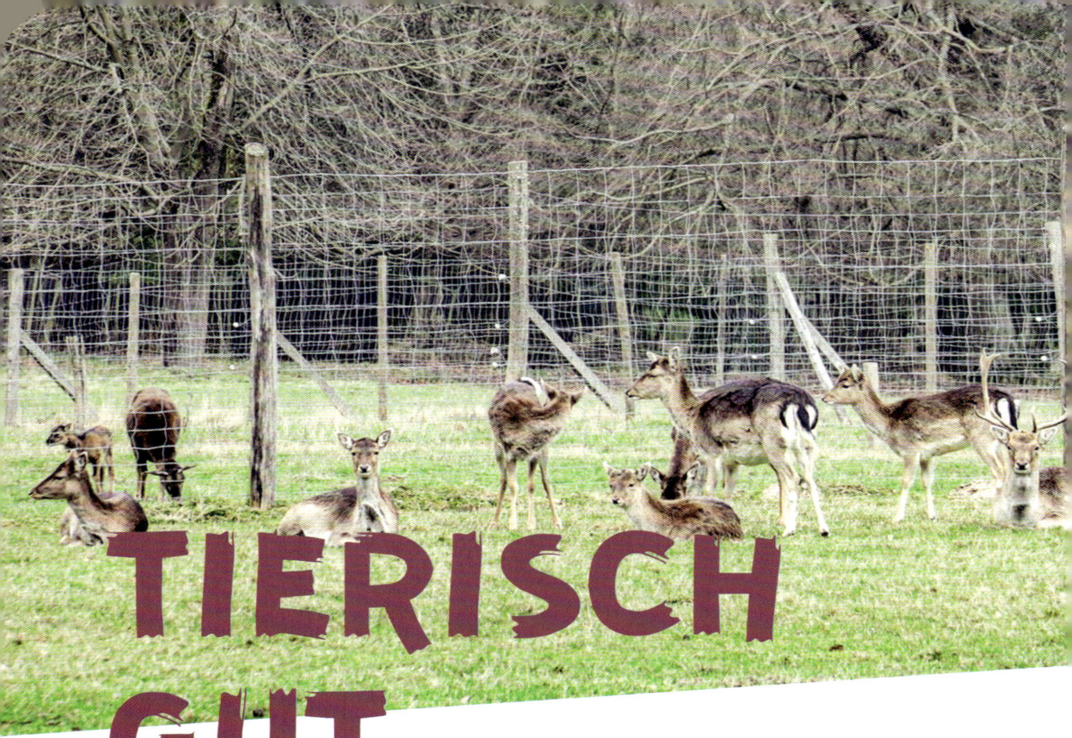

TIERISCH GUT

… im Englischen Garten zu Eulbach

#19

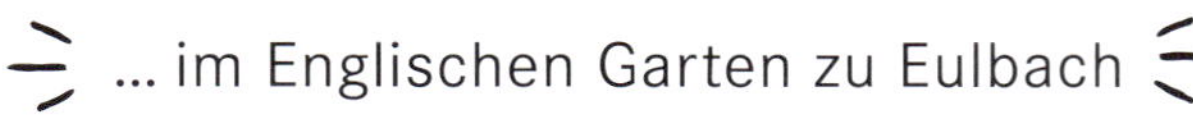

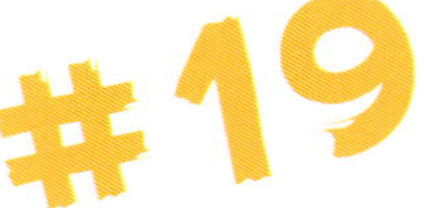

Eine Mischung aus Gartenbaukunst, Archäologie und Wildtierpark wartet im Englischen Garten zu Eulbach. Mitten im Wald zwischen Würzberg und Vielbrunn gelegen, bringt der Rundgang Fütterspaß für die Kleinen und Entspannung für die Großen.

#Tierpark #Archäologieheute #Naturpur

→ ABSTECHER …

Klein, aber nicht ohne … am Weiher leben Enten und Gänse, die lieber aus sicherer Entfernung beobachtet werden wollen.

Verwunschen sieht die Ruine aus, als hätten Kanonen die einst prächtige Burg in Trümmer gelegt. Doch sie entstammt keineswegs dem Mittelalter. 1820 ließ Graf Franz I. zu Erbach-Erbach die Eberhardsburg errichten. Heute ist sie eine Attraktion im Englischen Garten zu Eulbach. Der Fürst war übrigens ganz begeistert von der Antike. Deswegen präsentierte er in diesem Landschaftsgarten, den er direkt gegenüber von seinem Jagdschloss hat anlegen lassen, Nachbildungen von archäologischen Artefakten.

Aber der Park erlaubt nicht nur eine kleine Reise ins Altertum. Nein, hier kann man auch einen ungewohnten Einblick in die Wildtierwelt erhaschen: Wenn man den Garten betritt, sieht man nämlich ein riesiges Freigehege zu

seiner Rechten. Mit etwas Glück dösen Rehe in der Sonne und genießen die Wärme. Und wer weiß? Vielleicht liegt sogar ein Hirsch entspannt im Gras und stellt sein imposantes Geweih zur Schau.

Vorbei am Gehege mit den Rehen gelangt man zu Tieren, die einem in der freien Wildbahn nicht über den Weg laufen: den Wisenten, einer europäischen Art des Bisons. An den Gehegen gibt es Automaten mit Wildfutter – vor allem für die kleinen Gäste ist das Füttern der Tiere eines der Highlights. Zumindest, wenn sie das Glück haben, die Tiere in der Nähe des Zaunes anzutreffen.

Im Wasser des Weihers entstehen Wellen, wenn die Enten wild paddelnd davoneilen, sobald ein Besucher naht. Durchatmen und die Idylle in sich aufnehmen! Mit der Eberhardsburg auf der einen und einer Inselkapelle auf der anderen Seite kein Problem. Die Insel kann übrigens nur mit einem Boot erreicht werden und wurde in der Vergangenheit von der fürstlichen Familie tatsächlich für Gottesdienste genutzt.

Hin & weg: Am besten gleich mit dem Auto kommen und auf dem Parkplatz des Englischen Gartens parken.

Beste Zeit: Ganzjährig (weitere Infos unter www.rentkammer-erbach.de/englischer-garten.php).

Dauer & Strecke: Nach Lust und Laune.

Ausrüstung: Kleingeld für den Eintritt und für Tierfutter.

In freier Wildbahn will ihnen kein Wanderer begegnen, aber so im Park wirken sie ganz zahm. Da bleibt man gerne auch mal länger am Zaun stehen und betrachtet, was man sonst nicht zu Gesicht bekommt.

Dahinter gibt es weitere Gehege: Wildschweine liegen schlafend im Schlamm oder verspeisen genüsslich schmatzend Wurzeln, Kräuter und Gräser, die sie im Sand finden. Spannend, die großen und gefährlichen Säue aus nächster Nähe zu betrachten!

Vorbei geht es an Kastelltoren, Stelen mit kaum mehr lesbaren Inschriften und Mauerstücken. Der Obelisk wurde aus Steinen des Kastells Würzburg errichtet. Der Rundgang endet mit einem Blick auf das Schloss des Grafen, der einen herrlichen Rückzugsort hinterlassen hat.

FAZIT: FÜTTERSPAß FÜR DIE KLEINEN UND ABSCHALTEN FÜR DIE GROßEN. SO SIEHT EIN GELUNGENER FEIERABEND FÜR DIE GANZE FAMILIE AUS.

BERGKIRCHE
MÜMLING-GRUMBACH

AUF MÄRCHEN-HAFTEN PFADEN

#20

Eine kurzweilige Wanderung für Klein und Groß wartet in der Obrunnschlucht. Der etwa drei Kilometer lange Weg führt entlang des Obrunnbachs, den man mehrfach überquert. An seinem Ufer stehen Miniaturschlösser, Mühlen und Fachwerkhäuser, die die Tour in eine Reise in die Welt der Märchen verwandeln.

#MärchenWanderung #romantischeSchlucht #TourfürGroßundKlein

Der Weg führt entlang des Obrunnbachs, der die Wanderung noch munterer gestaltet.

Zwischen Höchst im Odenwald und Rimhorn liegt die sogenannte Obrunnschlucht. Diese war bis zu den 60er-Jahren unbegehbar und alles andere als einladend. Doch dann fasste man in Höchst den Entschluss, einen Ort der Erholung für Jung und Alt zu schaffen. Motivierte Bürger legten den Wanderweg an und bauten die insgesamt 19 Brücken und 30 Bänke, die die Wanderung durch die heute romantische Schlucht ermöglichen. Abgerundet wird die Atmosphäre von zahlreichen Kunstobjekten, die Motive aus bekannten sowie lokalen Märchen aufgreifen.

Der Ausflug beginnt an einem Parkplatz im Wald nur wenige Kilometer vor den Toren Höchsts. Der Weg ist hervorragend beschildert und nicht zuletzt wegen der Miniaturmodelle, die den Wanderweg säumen, nicht zu verfehlen, auch wenn es hier noch drei weitere kurze Hiking Trails gibt. Es geht vorbei an zahlreichen Miniaturgebäuden sowie Märchen- und Tierfiguren, zum Beispiel dem Kloster Höchst, einer Skulptur von Rübezahl und dem Binger Mäuseturm, der friedlich auf einer kleinen Insel im Bach ruht. Die Ge-

---

Hin & weg: Vorzugsweise mit dem Auto zum Waldparkplatz Obrunnschlucht oder alternativ mit der Odenwaldbahn nach Höchst im Odenwald und dann etwa 20 Min. zu Fuß zum Eingang der Schlucht laufen.

Beste Zeit: Ganzjährig, am besten an einem mystisch-nebligen Herbst- oder Wintertag.

Dauer & Strecke: 1 Std. reine Gehzeit, 4 km. Mit Kindern und Fotostops dauert die Wanderung entsprechend länger.

Ausrüstung: Wanderschuhe.

Eines der vielen Schlösser, die am Wegesrand warten. Die Obrunnschlucht führt durch die Welt der Märchen.

staltung der Kunstobjekte ist detailreich und überall stehen Tafeln mit Informationen und Hinweisen – zu den Märchen, zum Wald und zur Entstehung des Märchenpfades.

Die Wanderung ist leicht, da es kaum auf und ab geht. Die Reise durch die Märchenwelt macht Spaß und lässt Kinderherzen bei der Erkundung des Mischwaldes höherschlagen. Am schönsten ist die Stimmung, wenn die Sonne am späten Nachmittag tief steht und ihre Strahlen durch das Dickicht hindurch eine einzigartige Lichtstimmung kreieren, die dem Märchenpfad zusätzlich eine besondere Note geben.

Das Highlight für Kinder befindet sich am Ende des Pfades: Ein Floß mit der Aufschrift WILDE-13 und eine hölzerne Lokomotive namens Emma entführen die kleinen Abenteurer in die Welt von Jim Knopf und Lukas dem Lokomotivführer. Wer es gerne ruhig angehen mag, kann auf einer der 30 Bänke die Wildromantik der Schlucht genießen und einfach mal durchatmen. So bietet die Obrunnschlucht ein schönes Ausflugsziel für die ganze Familie.

FAZIT: EINE WANDERUNG DURCH EINE MÄRCHENWELT IN EINER WILDROMANTISCHEN SCHLUCHT. IDEAL FÜR EINE KURZE AUSZEIT ZUM FEIERABEND MIT DER GANZEN FAMILIE.

2. KAPITEL AUSFLÜGE

Raus für einen Tag

12H

Weinberge, Römerspuren und Altstadt-Romantik. Ob zu Fuß, auf dem Wasser oder mit dem Rad – hier ist für jeden das Passende dabei.

Mühlweg
3
ZUR BURG FREIENSTEIN

RITTERLICH ZU TAL UND ZU BERGE

… auf dem Burg-Freienstein-Weg

#21

Der Weg ist ja bekanntlich das Ziel. Und dieser Rundweg führt durchs Gammelsbach- und Finkenbachtal, über die man in aller Ruhe das Auge schweifen lassen kann. Die Burgruine nimmt den Wanderer mit auf eine Reise durch die Zeit, auf den Spuren mittelalterlicher Ritter.

#Burgruine #imWald #RitterundBurgfräulein

Ausgedehnte, wildreiche Wälder und ein mildes Klima erwarten ruhesuchende Wanderer in einer Höhe von 300 bis 500 Metern.

Der Burg-Freienstein-Weg verläuft zum Großteil durch den Wald und über breite Wanderwege. Das Zwitschern der Vögel begleitet das Knistern der Schuhe auf dem Laub. Sonst herrscht Stille. Man ist eins mit der Natur.

Los geht's in Oberzent-Gammelsbach, unterhalb der Ruine Freienstein. Die Burg, die man somit gleich zu Beginn der Wanderung erreicht, wurde noch bis 1810 hin und wieder genutzt, aber nach einem Brand in Beerfelden wurden die Steine benötigt, um die Stadt wiederaufzubauen. Heute stehen noch die Zwingermauer und Teile der Hauptburg sowie die Kapellenmauern. Zum Glück wurde sie in den 1990er-Jahren saniert und der Öffentlichkeit zugänglich gemacht. Von oben bietet sich ein herrlicher Blick über das friedvolle Tal. Vor dem inneren Auge entstehen Bilder von Rittern und Burgfräulein, die an dieser Stelle schon im 13. Jahrhundert den Ausblick genießen durften. Wie sie wohl lebten? Gefiel ihnen der Ausblick oder langweilte er sie? Ab dem 16. Jahrhundert nutzten die Erbacher Grafen die Burg vor allem für Jagdaufenthalte.

Die Ruine im Rücken, geht der Weg weiter. Er folgt der Markierung S6 über die Hirschhor-

---

Hin & weg: Mit der Buslinie 50 von Eberbach oder Michelstadt nach Gammelsbach oder mit dem Auto über die B45 und dann auf dem Parkplatz Freienstein in der Schulstraße in Oberzent-Gammelsbach parken.

Beste Zeit: Ganzjährig.

Dauer & Strecke: 4 Std. reine Gehzeit, 12 km.

Ausrüstung: Wanderschuhe.

ner Höhe. An der Gruberseiche verläuft der Rundweg links und nach einiger Zeit aus dem Wald heraus. Kurz vor dem Parkplatz bietet sich eine Gelegenheit für eine Pause mit Weitblick – eine Bank lädt zum Ausruhen ein.

Der Jakobsgrund ist der krönende Abschluss der Runde: Hier wartet eine weitere Gelegenheit für Fotos, eine letzte Pause oder einfach, um die Natur in sich aufzunehmen. Dann geht es talabwärts und die Tour endet wieder am Ausgangspunkt in Gammelsbach.

FAZIT: FÜR RUHE SUCHENDE WANDERER, DIE EINFACH MAL RAUS UND MIT DER BURG EIN GESCHICHTLICHES SCHMANKERL ERLEBEN WOLLEN!

IN VINO VERITAS

… auf dem Hessentagsweg in Bensheim

#22

Weinberge, Weitsicht, Wanderlust – das bietet der Hessentagsweg an der Bergstraße. Also: Wanderschuhe anziehen und los! Diese ausgiebige Tageswanderung führt durch das grüne Hinterland von Bensheim sowie durch zauberhafte Ortschaften.

#Rebenfreude #aufundab #BensheimLiebe

Schutz und Erhalt des Hemsbergs waren für Franz Richter eine Herzensangelegenheit, weswegen zu seinem Andenken diese Tafel errichtet wurde.

Das Zwitschern der Vögel im Ohr, die Sonne im Gesicht und Freiheit unter den Füßen. Beste Voraussetzungen für eine Frühlingswanderung im Weinanbaugebiet an der Bergstraße. Hier an der *strata montana* bauten bereits die alten Römer den edlen Rebensaft an. Denn schon vor 2000 Jahren war offensichtlich, dass die sonnenbeschienenen Hänge und der Windschutz durch den Odenwald im Osten hervorragende Voraussetzungen für den Weinanbau bieten.

Anlässlich des Hessentags 2014 in der Fachwerkstadt Bensheim haben der Odenwaldklub und die örtliche Sparkasse den Wanderweg durch die Weinberge geschaffen. Die Wanderung beginnt am Varieté Pegasus und führt durch ein idyllisches Wohngebiet, über den plätschernden Meerbach und dann durch ein Wäldchen steil bergauf. Oben angekommen, wird man mit dem ersten Panoramablick belohnt: Hinter den Weinbergen am Hemsberg erstreckt sich die Rheinebene in voller Pracht. Weiter geht's zum Bismarckturm, der auf dem Gipfel des Hemsberg thront. Der Rundturm

---

Hin & weg: Mit dem Niederflurbus der Linie 665 vom Bahnhof Bensheim zur Haltestelle Platanenallee oder mit dem Auto zum gleichnamigen Parkhaus.

Beste Zeit: Ganzjährig, am besten sonntags im Frühling. Dann gibt es Snacks und Getränke im Birmarckturm und die Weinberge blühen (Öffnungszeiten und weitere Infos gibt's unter www.owk-bensheim.de).

Dauer & Strecke: 4,5 Std. reine Gehzeit, 14 km.

Ausrüstung: Wanderschuhe und eventuell Kleingeld fürs Parkhaus sowie Snacks und Getränke beim Einkehren.

Auf dem 262 Meter hohen Hemsberg wartet ein Bismarck-Denkmal mit einem Aussichtsturm und ein Wandererheim.

mit einer Gesamthöhe von 19 Metern kann über eine Holzwendeltreppe mit 60 Stufen erklommen werden. An Sonn- und Feiertagen verkauft der Odenwaldklub Bensheim hier Getränke und Snacks.

Nun dem Weg hinterm Turm rechts folgen und schon geht's in ein kleines Naturschutzgebiet mit Wildblumen und Brombeerbüschen. Nach einem Intermezzo durch den Stadtteil Zell gelangt man wieder ins Grüne. Durch den Kappelsgrund geht es wieder hinauf in die Weinberge bis zum Schönberger Kreuz. Dort verläuft der Weg zur Abwechslung mal bergab. Hinter einem Abschnitt im Wald liegt Schönberg mit dem Schloss auf einem Bergsporn über dem Lautertal.

Der letzte Anstieg führt über die Nibelungenstraße und durch den Rosengrund hinauf auf den Höhenrücken mit famoser Aussicht. Eine Bank lädt zum Verweilen und Genießen ein. So fühlt sich Freiheit an. Dann heißt es: Endspurt! Durch den Herrenwingert läuft man zurück Richtung Bensheim. Der Panoramablick über die Stadt und die Bergstraße ist atemberaubend. Es geht wieder hinein in den Wald, bis die äußeren Ränder der Stadt erreicht werden, und dann zurück zum Ausgangspunkt.

FAZIT: IDEAL FÜR EINE FLUCHT AUS DEM ALLTAG. DIE PANORAMASICHT BIETET SOFORTIGES ABSCHALTEN, UND DAS IN DER NÄHE DER STADT.

LEBENDIGE GESCHICHTE

#23

Auf dem Greinberg wartet nicht nur eine Wanderung mit Muskelkatergarantie. Hier wird auch alte Geschichte lebendig. Mit ein bisschen Fantasie erstreckt sich die Welt der Teutonen und Römer vor dem inneren Auge der interessierten Wanderer.

#MerkurTempel #woOdenwaldaufSpessarttrifft #Panoramamalzwei

Der Römerweg bei Miltenberg ist ein 16 Kilometer langer Rundweg. Los geht die Tour am Marktplatz in der unterfränkischen Stadt, dem ersten Highlight des Tages. Die Altstadt sieht mit ihren Fachwerkhäusern aus, als wäre sie gerade einem Bilderbuch entsprungen, und ist damit ein toller Spot für die ersten Fotos. Um dem Gewusel des vormittäglichen Schaffens gekonnt zu entgehen, lohnt es sich, am frühen Morgen zu starten.

Der Weg führt an der Mainpromenade entlang flussabwärts und dann über die Treppen des Bismarckweges hinauf auf den Greinberg. Die ersten Anstrengungen des Aufstiegs werden umgehend mit einem fantastischen Ausblick auf Miltenberg und das Maintal belohnt.

Weiter geht es durch den Wald bis zum keltischen Ringwall. Etwa 3000 Jahre alt soll er sein. Wer hier etwas Magisches in der Luft spürt, versteht vielleicht, warum die Römer diesen Ort wählten, um dem Gott Merkur ihre Ehrerbietung zu zeigen. Leider gilt es hier, auf die eigene Fantasie zu setzen, denn die archäologischen Funde können nur im Museum der Stadt Miltenberg bestaunt werden. Dieses liegt aber zum Glück direkt am Marktplatz, sodass ein Besuch direkt an die Wanderung angeschlossen werden kann.

Während die Gedanken noch um die Huldigungen der Römer an ihre zahlreichen Götter kreisen, wird die Haagsaussicht erreicht. Hier wurde zwischen 1890 und 1980 Buntsandstein abgebaut. Heute weist nichts mehr darauf hin, dass dies einmal ein Steinbruch war. Wieder erstreckt sich das Maintal in voller Pracht am Fuße des Berges und an klaren Tagen reicht der Blick bis zum Feldberg

Das Schnatterloch ist eine der bekanntesten Sehenswürdigkeiten in Miltenberg (Mitte). Aber auch der Blick auf den Main ist nicht von schlechten Eltern (rechts).

im Taunus. Bänke und Tische laden zum Verweilen und Genießen ein. Vielleicht sogar zu einem Picknick.

Gestärkt und mit neuem Elan wartet nun der Endspurt: Der Weg führt hinab zurück in Richtung Miltenberg. Bevor es aber zum Ausgangspunkt der Wanderung geht, lohnt sich noch ein kurzer Abstecher zur Mildenburg, die seit 2011 das Museum Burg Miltenberg mit 170 Kunstwerken des 20. und 21. Jahrhunderts und Ikonen des 16. bis 19. Jahrhunderts beherbergt. Kurz vor Erreichen des Marktplatzes wartet das Museum der Stadt Miltenberg mit den Funden aus keltischer und römischer Zeit sowie weiteren Informationen zur Geschichte der Stadt.

FAZIT: RAUS AUS DER ZIVILISATION, REIN IN DEN WALD. UND DABEI GIBT ES NOCH TOLLE FOTOSPOTS.

Hin & weg: Parkplatz Pfarrkirche oder Mainbrücke oder vom Bahnhof in Miltenberg mit dem Bus zur Station Zwillingsbogen.

Beste Zeit: Ganzjährig, am besten morgens, sodass bei der Rückkehr noch Zeit für einen Museumsbesuch ist (Infos und Öffnungszeiten des Museums und der Burg unter www.museum-miltenberg.de).

Dauer & Strecke: 4 Std. reine Gehzeit, 14 km.

Ausrüstung: Wanderschuhe, bei Bedarf die Kamera und Kleingeld für die Museen nicht vergessen.

AUF WINZERS WEGEN

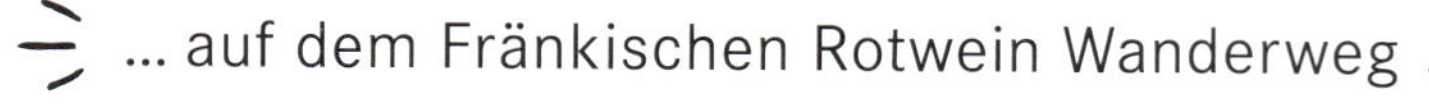

... auf dem Fränkischen Rotwein Wanderweg

#24

Weinberge, so weit das Auge reicht, ein herrliches Panorama vom Uferhang über die Mainebene, eine Stadt mit lange zurückreichender Geschichte und eine unerwartete Schlucht. Die abwechslungsreiche Tour ist eine Etappe des 80 Kilometer langen Fränkischen Rotwein Wanderweges.

#Rebenfreude #unterwegsinChurfranken #Burgenliebe #inderSchlucht

Was viele nicht wissen: Auch Weinreben blühen.

An einer kleinen Grünanlage in Erlenbach beginnt die Wanderung. Nach links geht es in die Mechenharder Straße, wo nach etwa 500 Metern das Schwimmbad erreicht wird. Daneben informiert ein großes Schild über den Fränkischen Rotwein Wanderweg und offene Häckerwirtschaften, also typische Einkehrmöglichkeiten direkt bei Winzern. Nach dem Schwimmbad verläuft der Weg weiter aufwärts und dann nach rechts bis zu einer Treppe. Sie führt zu einem Pavillon mit herrlichem Ausblick auf Erlenbach und Wörth auf der anderen Mainseite.

Den Treppenstufen bergauf folgend, wird ein weiterer Weg erreicht. Kurz darauf thront das Hohbergkreuz zur Linken. Wer seine Sorgen ablegen will, kann einen Stein nehmen, ihn mit der Sorge benennen und ihn unter das Kreuz legen. Hier lohnt sich ein erster Stopp und es bietet sich an, in sich zu gehen. Dann führt der Weg am Berghang entlang, rechts kann man die steilen, sonnenverwöhnten Weinberge bestaunen, während links wildgewachsene und bewaldete Flurstücke liegen.

Rechts wie links zeigen Skulpturen am Wegesrand das Tagwerk der Winzer und Weinbergarbeiter. Es folgen zwei Aussichtspunkte, terroir f Churfranken genannt. Auch von diesen hat man einen tollen Blick auf die Mainebene. Der erste ist gelb und steht für den Weiß-

Der Brunntorturm ist das einzige erhaltene der ehemals drei Stadttore (links). Ein weiteres Highlight in Klingenberg ist der früher zum Stadtschloss gehörende Rosengarten (Mitte).

wein. An der Außenseite ist ein Bildschirm angebracht, auf dem per Knopfdruck ein Film über den regionalen Weinanbau beginnt. An Wochenenden wird hier auch Wein ausgeschenkt. Der zweite terroir-f-Punkt ist rot und stellt den Rotwein dar.

Schon bald erstrecken sich die Weinberge auch zur Linken. Die Buntsandstein-Terrassen von Klingenberg mit ihren seltenen Farnen, Blumen und Kräutern sind denkmalgeschützt. Nach einer Statue des Schutzpatrons der Winzer, St. Urban, ist der Ortsrand von Klingenberg nicht mehr weit.

Am Ende der Straße empfiehlt sich ein Abstecher, der nicht Teil der Etappe des Wanderwegs ist: die Seltenbachschlucht. Sie ist eines von Deutschlands 100 schönsten Geotopen und bietet vor allem an heißen Tagen einen willkommenen Rückzugsort. Die Schlucht ist dicht bewachsen und bietet Amphibien wie dem Salamander ein Zuhause.

Danach geht es zurück zum eigentlichen Wanderweg: Durch die Bergwerkstraße führt

---

Hin & weg: Mit dem Zug bis Erlenbach (Main) oder mit dem Auto über die A3 bis zur Ausfahrt Stockstadt, weiter auf der B469 in Richtung Miltenberg bis Elsenfeld und dann nach Erlenbach/A3 bis Ausfahrt Rohrbrunn, von dort nach Erlenbach.

Beste Zeit: Ganzjährig.

Dauer & Strecke: 4 Std. mit Pausen zum Genießen, 6 km.

Ausrüstung: Eine Jacke (in der Schlucht kann es kalt werden!) und Kleingeld zum Einkehren.

er rechts hinunter in die Altstadt von Klingenberg. Die historischen Gassen laden zum Schlendern und Genießen ein. Am Ende der Hauptstraße befindet sich das Stadttor. Vom Heimatmuseum zweigt eine Treppe ab, die zum Burgweg führt. An weiteren Weinterrassen vorbei geht es weiter auf den Johannesweg. Über Serpentinen und durch den Wald bringt er die Wanderer zum letzten Höhepunkt: die Ruine der Clingenburg. Nach einer ausgiebigen Erkundung und einer Einkehr in der dortigen Schenke mit Blick auf Klingenberg (www.burgterrasse.de) kann man entweder durch die Weinberge nach Erlenbach zurücklaufen oder zum Bahnhof von Klingenberg gehen und dort die Bahn nehmen.

FAZIT: ABWECHSLUNG PUR! ZWISCHEN WEINREBEN MIT HERRLICHEM AUSBLICK, EINER SCHLUCHT UND EINER MITTELALTERLICHEN STADT WIRD SO SCHNELL KEINEM LANGWEILIG.

(K)EIN GRENZEN-LOSES VERGNÜGEN

… auf dem Hubenweg in Würzberg

#25

Idyllisch auf einem Höhenplateau gelegen, führt der Wanderweg über Wald und Flur und umrundet mit Würzberg den höchsten Stadtteil Michelstadts. Wie so oft im Odenwald spielen auch hier die Römer eine der Hauptrollen.

#einklassischesHubendorf #OdenwaldLimes #anderbayerischenGrenze

Der Hubenweg ist nicht ausgeschildert. Mit den entsprechenden GPX-Daten ist es jedoch kinderleicht, den Weg zu finden.

Der malerische Ort Würzberg mit seinen etwa 900 Einwohnern ist ein klassisches Hubendorf. Das bedeutet, dass die Felder ein Streifenmuster bilden und sich hinter den Höfen erstrecken. Dieser im Odenwald typischen Anordnung verdankt auch der Hubenweg seinen Namen.

Los geht's auf dem Wanderparkplatz Adlerschlag und von dort sogleich am Feld entlang in Richtung Wald. Dem aufmerksamen Wanderer wird der Eberhardstein nicht entgehen, ein Jagddenkmal zu Ehren von Graf Eberhard XV. zu Erbach-Erbach, der zur Linken in etwa zehn Metern Entfernung zwischen den Bäumen versteckt ist. Die Einschusslöcher auf dem Stein und der Platte stammen aus der Zeit des Zweiten Weltkriegs.

Kurz darauf führt der Weg wieder aus dem Wald heraus und am Rand des Feldes entlang. In der Ferne sind Würzberg und der gleichnamige 100 Meter hohe Sender zu sehen, eine Anlage des Hessischen Rundfunks.

Über Felder und durch Wälder geht es einmal um ganz Würzberg herum. Der Weg erreicht mehrmals die Grenze zu Bayern, führt jedoch an ihr entlang und bleibt in Hessen.

Der Höhepunkt der Tour ist die Ruine eines römischen Bades. Ein solches Bad war Teil eines jeden römischen Kastells, von denen es in der Umgebung von Michelstadt mehrere gab. Ein Kastell war ein militärisches Lager der römischen Armee, auf denen Wachtruppen entlang des Odenwald-Limes einquartiert wur-

---

Hin & weg: Mit der Buslinie 40 von Michelstadt bis zur Haltestelle Würzberg-Mangelsbach oder mit dem Auto über die B45, die L3349 und die B47, dann auf dem Wanderparkplatz Adlerschlag parken.

Beste Zeit: Ganzjährig.

Dauer & Strecke: 5 Std. reine Gehzeit, 16 km.

Ausrüstung: Wanderschuhe.

Das Bad war zu den Zeiten der Römer verputzt und hatte mit Malereien verzierte Wände. Außerdem hatte es Fenster aus Glas.

den. Von dem Kastell selbst ist leider nichts mehr zu sehen, aber das Bad ist verhältnismäßig gut erhalten, sodass die verschiedenen Räume zu erahnen sind. Auch wenn das heute nicht mehr zu erkennen ist, so hatte dieses Bad bereits fließendes Wasser. Warm und kalt, versteht sich. Ein Luxus, den die Germanen zu dieser Zeit nicht genießen konnten.

Auf dem letzten Kilometer des Hubenwegs geht es durch den Wald. Dort, wo der Weg wieder ins Feld führt, erscheint auf der linken Seite ein eindrucksvolles Jagdhaus. Kurz darauf wird der Ausgangspunkt erreicht.

FAZIT: EINE WANDERUNG FÜR KÖRPER UND GEIST, DIE NICHT NUR UM DAS DORF HERUM, SONDERN AUCH DURCH DIE LETZTEN 2000 JAHRE FÜHRT.

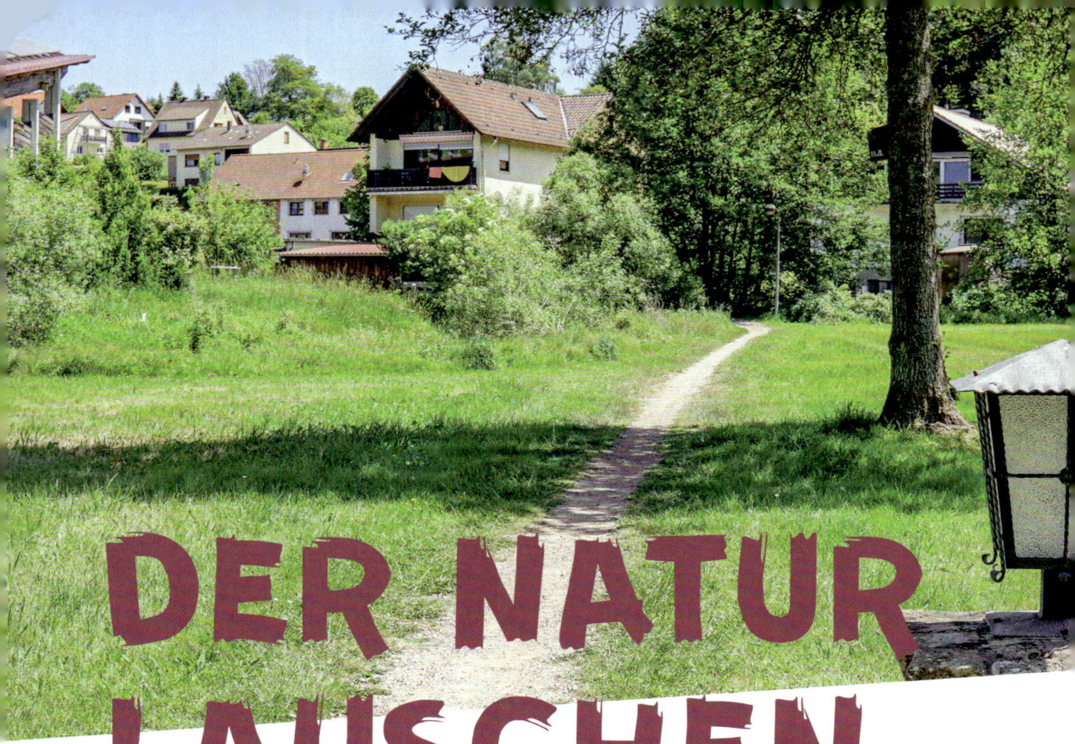

DER NATUR LAUSCHEN

... im Jossatal

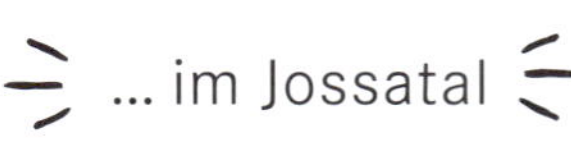

#26

Am Feld entlang und durch Wälder führt dieser Rundweg von Mernes nach Burgjoß und wieder zurück zum Ausgangspunkt. Die anspruchsvolle Wanderung lädt dazu ein, in der Abgeschiedenheit in sich zu kehren und eins mit der Natur zu werden.

#Naturpur #anderschönenJossa #derWegistdasZiel

Fundstücke bezeugen, dass hier schon vor 3000 bis 4000 Jahren Steinzeitmenschen gelebt haben.

Los geht's am Gasthof Zum Jossatal in Mernes. Nach wenigen Hundert Metern entlang der Straße führt der Weg nach oben in den Wald. Dieser Abschnitt ist recht steil und man kann durchaus ins Schwitzen kommen, aber wegen der Bäume ist es immerhin angenehm kühl. Kurz darauf folgt die Belohnung: die erste schöne Aussicht des Tages. Die roten Ziegeldächer von Mernes liegen friedlich hinter den Bäumen. Dem Ort den Rücken kehrend, verläuft der Weg nach Süden, am Feld entlang und immer wieder durch Waldstücke. Zur Linken fließt die Jossa, die dem Tal seinen Namen verliehen hat. Die Ohren der Wanderer erreicht das Rauschen des Baches aber nicht. Auch sonst ist nicht viel zu hören – außer den eigenen Schritten auf dem Waldweg und der Natur selbst.

Nach gut vier Kilometern wird Burgjoss erreicht, ein staatlich anerkannter Erholungsort in der Gemeinde Jossgrund. Die Ortschaft,

Obwohl Burgjoß nicht einmal 1000 Einwohner hat, bietet der staatlich anerkannte Erholungsort eine Parkanlage mit Minigolfplatz und Beachvolleyballfeld.

in der nicht einmal 800 Seelen leben, wird 850 zum ersten Mal erwähnt. Heute lassen nur noch einige Überreste der Burg Jossa und die Namen der Straßen beziehungsweise des Ortes selbst erahnen, dass er auf eine so alte Geschichte zurückblickt. Der Weg führt in sein Herz, wo heute eine Parkanlage mit einem Minigolfplatz wartet. Die Welt ist hier noch in Ordnung, und wer eine Runde spielen möchte, legt das Geld einfach in ein dafür vorgesehenes Kästchen. Schläger stehen an dem kleinen Häuschen, an dem auch die Spielregeln angeschlagen sind. Weiter geht's um den Park herum, an einem Teich vorbei und auf der anderen Seite des Parks die Jossa entlang. Fröhlich plätschernd windet sich der Bachlauf. Dann passiert man ein Beachvolleyballfeld. Mit etwas Glück kann man sogar einen Runde mitspielen.

Noch ein Stück der Jossa folgend, macht der Weg bald einen Knick und führt wieder hinaus aus dem Ort. Es warten zehn Kilometer durch den Wald – mit Steigungen bis auf 600 Meter. Erneut ist der Wanderer allein mit sich und seiner Umgebung. Auch wenn die Zivilisation nicht weit entfernt ist, ist doch wieder nur das Singen der Vögel, das Brummen der Insekten und gelegentliches Rascheln im Unterholz zu hören.

Sobald der Weg aus dem Wald verläuft, findet man sich auf einer Wacholderheide wieder. Nun ist es nicht mehr weit und die Dächer von Mernes sind wieder in Sicht. Auch ist der Weg, der einen Stunden zuvor aus der Stadt gebracht hat, nun in der Ferne erkennbar. Bei der Ankunft zurück am Gasthof Zum Jossatal weiß man, was man geschafft hat!

FAZIT: EINE WANDERUNG, DIE ES IN SICH HAT. ABER: ES LOHNT SICH!

Hin & weg: Mit der Buslinie MKK82 von Bad Orb bis zur Haltestelle Mernes Ortsmitte oder mit dem Auto den Gasthof Zum Jossatal in Mernes anfahren. Dort gibt es einen Parkplatz.

Beste Zeit: Ganzjährig.

Dauer & Strecke: 6 Std. reine Gehzeit, 18 km.

Ausrüstung: Wanderschuhe.

DURCH DIE GESCHICHTE RADELN

… auf dem Haselburg-Rundkurs ab Höchst

#27

Weites Land, schöne Aussichten und als Highlight die Ausgrabungsstätte einer antiken römischen Villa. Diese Rundtour ist mit einer ausgewogenen Mischung an Berg- und Talfahrten angenehm zu fahren und macht Spaß – ob allein oder mit der ganzen Familie!

#RömischeVilla #Fahrradtour #ArchäologiemachtSpaß

Die Strecke bietet reichlich Abwechslung zwischen Berg- und Talfahrten, Wäldern, Wiesen und Ortschaften.

Aufs Rad geschwungen und los geht's! Die entspannte Radtour beginnt direkt am Höchster Bahnhof, der mit der Odenwaldbahn schnell und einfach erreichbar ist. Nach einer kurzen Fahrt durch den Ort geht es auf einen Feldweg und von dort nach Pfirschbach. Gleich darauf findet man sich am Waldrand wieder. Nach einem ersten kleinen Anstieg auf den Riedelberg verläuft die Tour weiter zur Annelsbacher Höhe.

Einer kurzen Fahrt durch Hummentroth folgt das Highlight und der Namensgeber der Tour: die römische Ausgrabungsstätte der Villa Haselburg (www.haselburg.de). Sie ist eine von mehreren Hundert Gutshöfen, sogenannten Villae Rusticae, die ab der Zeit Kaiser Hadrians im ersten und zweiten Jahrhundert nach Christus in Südhessen von den Römern errichtet wurden. Die Haselburg ist bisher die größte gefundene Anlage und außerdem sehr gut erforscht. Hier wird Geschichte lebendig und die Besucher können die Überreste des prachtvollen Herrenhauses und zweier Nebengebäude bestaunen. Ob der Anblick wohl schon vor knapp 2000 Jahren so herrlich war? Aus den Fundstücken wird jedoch klar, dass die römischen Bewohner ihn nicht lange ge-

---

Hin & weg: Startort ist der Bahnhof von Höchst. Hier hält die Odenwaldbahn, in der das Fahrrad mitgenommen werden kann, oder gleich mit dem Fahrrad hierherfahren.

Beste Zeit: Ganzjährig.

Dauer & Strecke: 4 Std. mit Besichtigung der archäologischen Stätte, 24,5 km.

Ausrüstung: Fahrrad und Helm.

Die Villa Haselburg ist das Highlight der Tour (oben). Über den Eichelshof (unten) freuen sich vor allem Pferdefans: Mit etwas Glück können die eleganten Warmblüter hier mit ihren Fohlen bewundert werden.

nießen konnten. Ungefähr ein Jahrhundert nach ihrer Erbauung scheint die Villa infolge sich häufender Angriffe durch die Germanen verlassen worden zu sein.

Weiter geht's auf dem Höhenzug, vorbei am Ober-Kinziger Friedhof und in Richtung Mönchshöher Wald. Kurz darauf düst man rasant bergab in Richtung Nieder-Kinzig. Der Weg führt durch den Ort hindurch, ehe der letzte Anstieg wartet. Oben angekommen, erstreckt sich das Panorama der Stadt Bad König zu Füßen des Hügels.

Nach dem Gestüt Eichelshof gibt es zwei Möglichkeiten: Entweder geradeaus nach Bad König, wo in der Odenwaldtherme (www.odenwald-therme.de) Entspannung auf erschöpfte Glieder wartet. Auch fährt die Odenwaldbahn durch diese Stadt, sodass es möglich ist, die Tour hier zu beenden. Oder man fährt links auf den Mümlingtalradweg und auf diesem ganz entspannt durchs Tal zurück nach Höchst.

FAZIT: RAUF AUFS RAD UND GENIEßEN! DIE TOUR STEHT GANZ IM ZEICHEN VON KULTUR UND NATUR.

IN EINEM LAND VOR UNSERER ZEIT

#28

Wo einst das Urpferdchen galoppierte und Jahrmillionen später die hessischen Landgrafen auf die Jagd gingen, verläuft der Kranichsteiner Waldweg. Einen Einblick in die Urzeit gibt die Grube Messel, und in die Zeit, in der sich Hirsche und Rehe in Acht nehmen mussten, das Jagdschloss Kranichstein.

#Fossiliensuche #UNESOWelterbe #Baumlehrpfad #imJagdrevier

Der kleine Umweg zum Jagdschloss Kranichstein lohnt sich – für Hungrige wartet hier ein Restaurant, für Wissbegierige ein Museum.

Was einst als Ölschiefertagebau begann und dann zu einer Müllhalde werden sollte, beherbergt heute einen Ort, der seine Besucher durch 48 Millionen Jahre Erdgeschichte führt: Fossilien und Co. geben hier einen außergewöhnlichen Einblick in das längst vergangene Leben. Vom Bahnhof Messel, wo die Wanderung beginnt, ist das Besucherzentrum der Grube Messel (www.grube-messel.de) schnell erreicht. Eine Tour muss angemeldet werden und dauert etwa zwei Stunden. Aber auch ein Abstecher ins Besucherzentrum ist aufschlussreich und spannend. Und wer einmal das Urpferdchen sehen will, kann das auch hier – ohne in die Grube hinabzulaufen.

Weiter geht's von der Grube Messel zum Kranichsteiner Forst. An der Straße entlang und dann über ruhige Wanderwege erreicht man das Jagdschloss Kranichstein (www.jagdschloss-kranichstein.de). Der Jagdleidenschaft der Grafen ist es zu verdanken, dass die ausgedehnten Wälder mit ihren alten Eichen und Kiefern erhalten geblieben sind. Das Schloss beheimatet heute ein Museum, das Einblicke in das höfische Leben erlaubt. Der Teich sorgt im Sommer mit seinen Seerosen für Freude.

Auf dem weiteren Weg stoßen Wanderer auf ein Insektenhotel, das Wohnraum für Wildbienen, Schlupfwespen und mehr bietet. Wildbienen leben nämlich anders als Honigbienen nicht in einem Volk. Auch Schmetterlinge können in den Räumen der Nistwand überwintern. Ein Baumlehrpfad erklärt die Vielfalt der heimischen Flora in der Allee der Bäume des Jahres.

Schon wird die Dianaburg auf einer Lichtung im Wald passiert, ein Jagdpavillion aus

---

Hin & weg: Mit der Bahn zum Bahnhof Messel oder mit dem Auto auf den dortigen Parkplatz.

Beste Zeit: Ganzjährig.

Dauer & Strecke: 4 Std. für die Wanderung mit 15 km plus individuell Zeit in der Grube Messel und im Jagdschloss.

Ausrüstung: Wanderschuhe, Mütze, Sonnencreme und Geld für den Eintritt, falls eine Tour in der Grube Messel oder eine Besichtigung des Museums gewünscht ist, sowie zum Einkehren.

Der Wanderweg führt an gleich zwei Sehenswürdigkeiten vorbei: der Grube Messel und dem Kranichsteiner Jagdschloss. Wer sich ausreichend Zeit nehmen will, sollte also früh starten.

dem Jahr 1836, der der römischen Göttin der Jagd gewidmet ist. Unweit davon wartet der Biergarten Zum alten Forsthaus Kalkofen (www.kalkofen.com), wo Pfauen und andere Tiere für ein Lächeln im Gesicht sorgen und sich eine Einkehrmöglichkeit bietet. Der Ausgangspunkt, der S-Bahnhof von Messel, ist nun nicht mehr weit entfernt. Durch das landgräfliche Jagdrevier erreicht man den Stadtrand, indem man der Markierung M3 folgt. An der Straße geht es rechts den Berg runter zum Bahnhof.

FAZIT: EINE UNTERHALTSAME MISCHUNG AUS ERDGESCHICHTE, WANDERUNG UND SCHLOSSPARKIDYLLE.

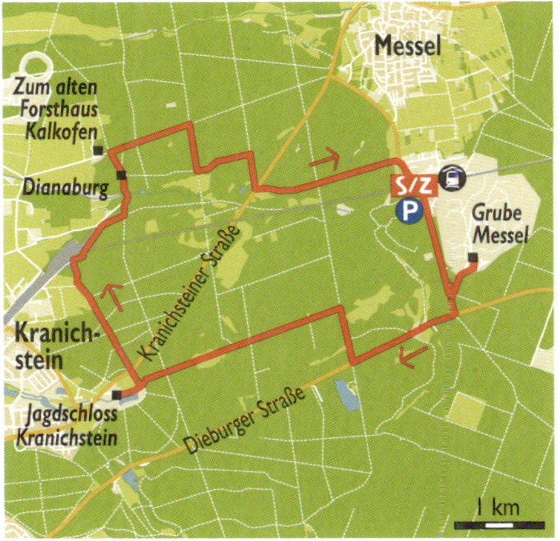

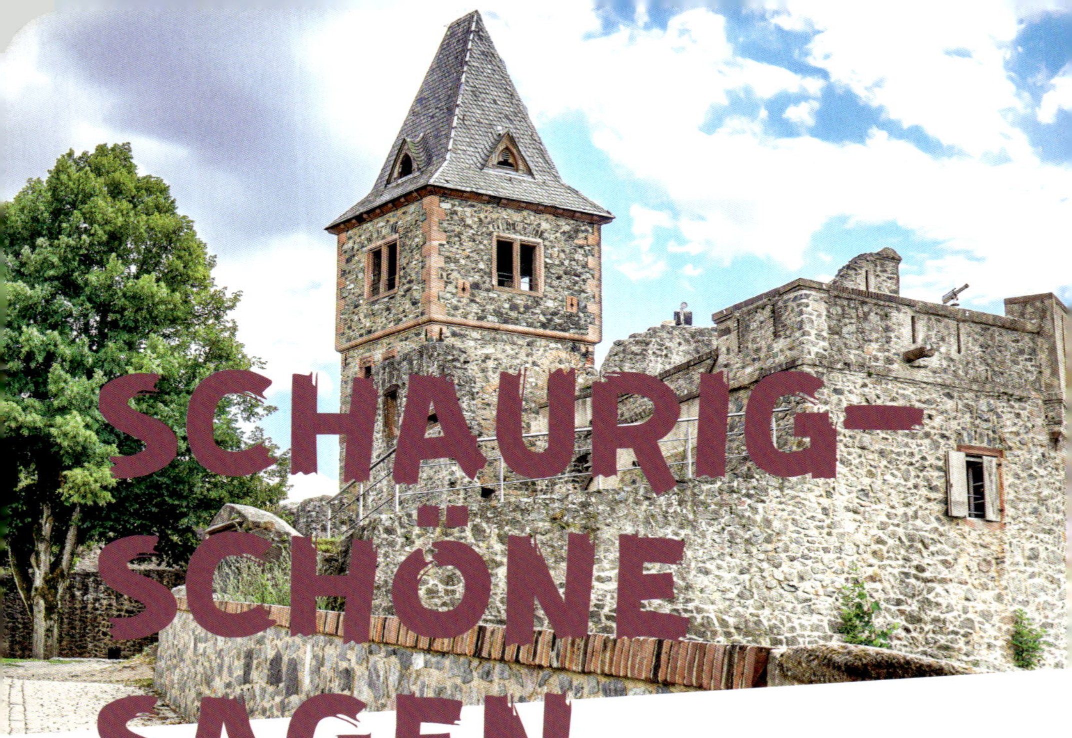

SCHAURIG-SCHÖNE SAGEN

... um die Burg Frankenstein

#29

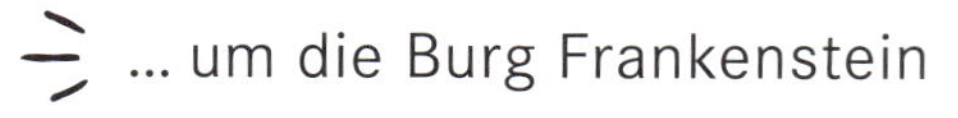

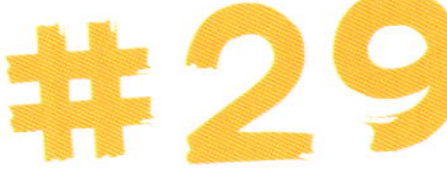

Wenn man von der Burg in die Rheinebene blickt, erscheinen die Geschichten von Frankenstein und seinem Monster oder von Georg, dem Drachentöter, ganz fern. Auf dieser Wanderung taucht man jedoch tief in die Welt der Sagen ein – wenn man dafür offen ist.

#FrankensteinsMonster #MaryShelleysFrankenstein #GeorgderDrachentöter

Ob Alfred Dippel wohl bei diesem Anblick über seinen »neuen Menschen« sinnierte?

Die Tour beginnt zwischen Seeheim und Ober-Beerbach. Vom Wanderparkplatz geht es Richtung Westen durch den Wald. Ein schweißtreibender Anstieg wartet nach nur kurzer Zeit, der das erste Drittel der Tour bestimmt. Auf die Karlshöhe und über den Langenberg führt der Weg auf knapp 420 Meter Höhe.

Bevor die Burg Frankenstein erreicht wird, passiert man einen kleinen Barfußpfad. Wer nicht müde vom Anstieg ist, kann hier die Schuhe ausziehen und den natürlichen Boden auf der blanken Haut fühlen. Für alle anderen wartet in der Burg ein Kiosk mit kleinen Stärkungen beziehungsweise ein Restaurant mit leckerem Essen. Vorausgesetzt, die Wanderung ist gut getimet, denn hier sollten unbedingt die Öffnungszeiten im Auge behalten werden (www.frankenstein-restaurant.de).

Die Burg Frankenstein stammt wahrscheinlich aus dem 13. Jahrhundert. Spannender als die wahre Geschichte der Burg sind jedoch die Mythen, die sich um sie ranken. Einer davon

Die sagenumwobene Burg Frankenstein ist der Höhepunkt der Wanderung. Hier heißt es: durchatmen, snacken und Fotos machen.

besagt, dass der Ritter Georg unterhalb der Burg einen Lindwurm getötet haben soll, der die Dorfbewohner terrorisiert hatte. Im Kampf soll Georg selbst tödlich verletzt worden und kurze Zeit, nachdem er das drachenartige Wesen erlegt hatte, gestorben sein. Der weitreichendere Mythos ist aber wohl der von Alfred Dippel, einem Alchimist und Arzt im 17. Jahrhundert, der auf der Burg Frankenstein geboren wurde und versucht haben soll, aus Leichenteilen und Jungfrauenblut einen neuen Menschen zu erschaffen. Angeblich war er das Vorbild für Viktor Frankenstein. Obwohl es keine Belege für diese Theorie gibt, hält sich die Vermutung, dass die Gebrüder Grimm auf der Suche nach Schauergeschichten auch in diesem Teil des Odenwalds waren. Mary Jane Clairmont, die Stiefmutter von Mary Shelley, der Autorin von Frankenstein, war die Übersetzerin der Gebrüder Grimm. In einem Brief wurde sie dem Mythos zufolge über die schrecklichen Geschehnisse informiert, die ihre Stieftochter später in »Frankenstein oder der moderne Prometheus« festhielt. Die Burg gibt keines ihrer Geheimnisse preis und so bleibt es der Fantasie überlassen, ob sich vor dem inneren Auge diese Gruselgeschichten abspielen oder nicht.

Nach einer ausführlichen Besichtigung der Ruine und einer Stärkung mit Blick auf die Rhein-Main-Ebene führt der Weg um die Burg herum. Ein Kräuter-Riech-Garten lädt dazu ein, sich auf die Gerüche von Blüten und Blättern einzulassen. Danach folgt nur die Stille des Waldes, in der man das Gesehene auf dem Rückweg zum Ausgangspunkt Revue passieren lassen kann.

FAZIT: ECHTES GRUSELPOTENZIAL FÜR ALLE MIT VIEL FANTASIE!

Hin & weg: Mit der Straßenbahn Linie 8 von Darmstadt zur Station Seeheim-Jugenheim -Seeheim Tannenbergstraße und dann ca. 20 Min. zum Wanderparkplatz Friedensquelle laufen. Alternativ direkt mit dem Auto zu dem kostenlosen Parkplatz fahren.

Beste Zeit: Ganzjährig.

Dauer & Strecke: 3,5 Std. reine Gehzeit, 12 km. Hinzu kommt die Zeit für die Besichtigung der Burg.

Ausrüstung: Wanderschuhe und Kleingeld zum Einkehren auf der Burg.

AM ÄPPEL-ÄQUATOR

… auf dem Kulturweg Schollbrunn

#30

Wo der Appel zum Apfel wird, da verläuft der Europäische Kulturweg Südlich des Äppeläquators. Es wartet eine interessante Wanderung direkt an dieser Sprachgrenze, die eine der bekanntesten Deutschlands ist.

#Apfelfreude #imWald #EuropäischerKulturweg

Früher gab es im Spessart viele kurfürstliche Wildparks. Das Wald- und Wiesengehege wurde eingerichtet, um dieser alten Tradition zu folgen.

Wissenschaftlich gesehen liegt hier die Apfel-Appel-Linie, eine Sprachgrenze zwischen dem Rheinfränkischen und dem Mainfränkischen. Südlich dieser Linie wurde der 14 Kilometer lange Europäische Kulturweg Schollbrunn mit dem neugierig machenden Namen Südlich des Äppeläquators angelegt. Los geht die Tour am Wanderparkplatz am Ortseingang von Schollbrunn und führt dann etwa einen Kilometer durch den Ort hindurch.

Bald jedoch öffnet sich das Feld und der Weg verläuft an einem Bach entlang. Zur Rechten entsteht das Gefühl von Weite – nur ein paar einsame Bäume stehen in der Ferne auf dem Hügel. Dann geht es in den Wald. Die Geräusche des Waldes zeugen von emsigem Leben – das Brummen der Hummeln, die von Blüte zu Blüte fliegen, oder das Klopfen des Spechts, der sich hoch in den Bäumen versteckt. Schilder weisen die Wanderer darauf hin, dass es sich hier um eine Natur-Ruhezone handelt. Die Wege dürfen nicht verlassen und die Stille nicht durch Lärm gestört werden.

Weiter dem Waldweg folgend, ist bald die Kartause Grünau in Sicht. Bis 1803 war dies ein Kloster, das fast 500 Jahre in Betrieb war. Heute ist die verfallene Ruine nur noch ein Ausflugsort beziehungsweise die Kulisse für eine entspannende Einkehr (www.kartausegruenau.de). Im gleichnamigen Restaurant ist es nämlich Zeit für eine Stärkung mit lokalen Köstlichkeiten mit Blick auf die geschichtsträchtigen Mauern. Wie wäre es zum Beispiel mit einem Kochkäsebrot und dazu einer erfrischenden Limonade?

Der Weg führt in der Folge nach links, am Fischteich vorbei und in den Wald. Schilder

---

Hin & weg: Mit der Buslinie 8071 von Marktheidenfeld und Kreuzwertheim nach Schollbrunn. Oder mit dem Auto auf dem Wanderparkplatz am Ortseingang von Rohrbrunn kommend parken.

Beste Zeit: Ganzjährig.

Dauer & Strecke: 3 Std. reine Gehzeit, 13 km, plus Einkehren in der Kartause Grünau.

Ausrüstung: Wanderschuhe und Kleingeld zum Einkehren.

Kochkäse ist ein Schmelzkäse, der typischerweise »mit Musik« gegessen wird – also mit einer Marinade aus Essig, Öl, Zwiebeln und Kümmel, die in den Stunden nach dem Essen für »Musik« im Körper sorgen wird.

erklären, wie sogenannte Rückegassen verwendet werden, um Bäume nach dem Fällen abzutransportieren. Denn spätestens, wenn der Wald die Hälfte seines Lebensalters erreicht hat, muss er durchforstet werden. Mischbaumarten müssen gefördert und Sturm- sowie Schneebrüche bereinigt werden.

Zum Abschluss wartet ein Wildpark, an dem sich vor allem Kinder erfreuen. Mit etwas Glück kann man sogar Frischlinge beobachten. Auf den letzten Metern warten dann noch quasi die Namensgeber dieser Region: Apfelbäume zieren den Wegesrand und sorgen für rote Tupfer in dem vielen Grün.

FAZIT: EINE SCHÖNE RUNDE FÜR JUNG UND ALT, AUF DER MAN AUCH SO EINIGES LERNEN KANN.

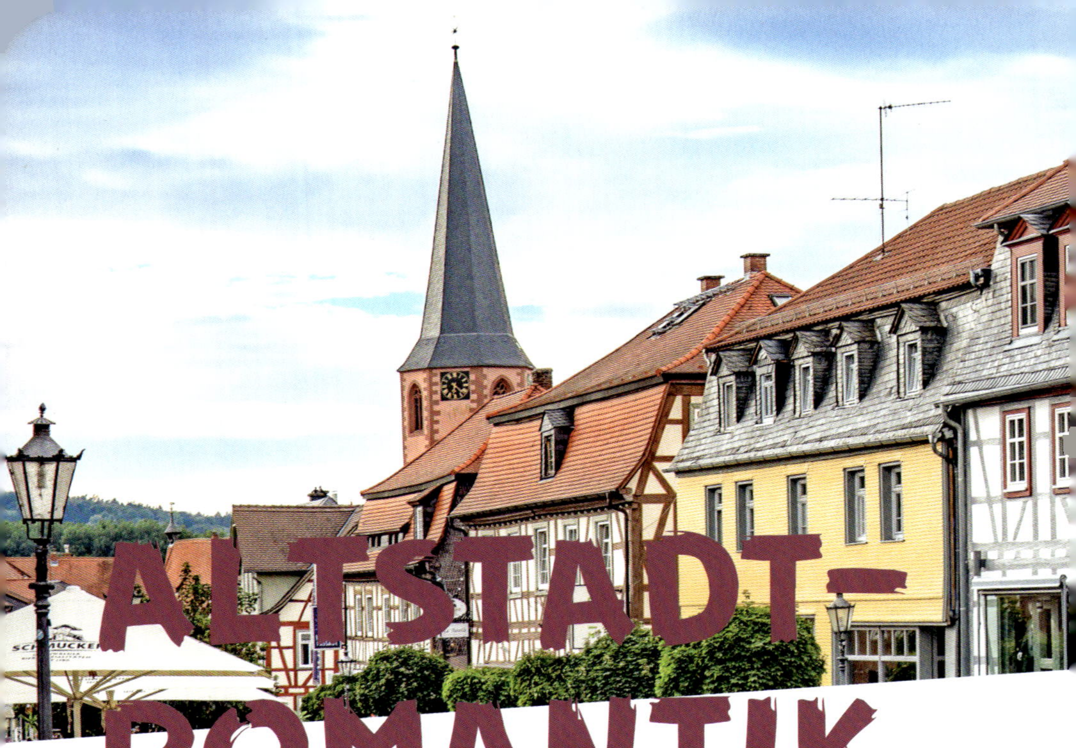

ALTSTADT-ROMANTIK

... auf dem Panoramaweg Erbach-Michelstadt

#31

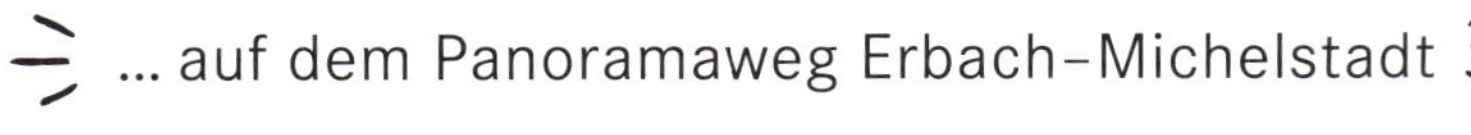

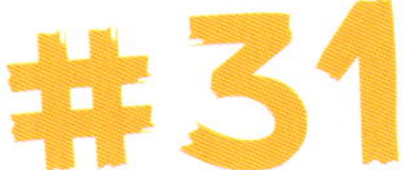

Die Altstädte von Erbach und Michelstadt sind nicht nur romantisch, sondern auch über die Grenzen des Odenwalds hinaus bekannt. Der Panoramaweg durchquert beide und erlaubt Wanderern Einblick in diese zwei Orte, die sichtlich vom Mittelalter geprägt wurden.

#Rundwanderung #vonOrtzuOrt #dieMischungmachts #gutzuFuß

Die Altstädte von Michelstadt (links) und Erbach (rechts) machen den Panoramaweg zu einer abwechslungsreichen Tour.

Startpunkt der Rundwanderung ist der Großparkplatz Altstadt in Michelstadt. Von dort geht es den Wiesenweg entlang, der Markierung EM1 folgend, und auf dem Hammerweg stadtauswärts. Bald beginnt der erste kleine Aufstieg, bei dem 100 Meter zu überwinden sind. Aber der Ausblick dabei ist herrlich – Michelstadt mit seiner malerischen Altstadt liegt friedlich im Tal.

Dann führt der Weg in den Wald hinein. Vorbei am Silberbrünnchen zur Sophienhöhe, thront auf der Anhöhe ein klassizistischer Tempel, der im Jahre 1844 zu Ehren der Gräfin Sophie erbaut wurde. Sie war die Frau des Grafen Karl zu Erbach-Erbach. Ein Tisch lädt hier zum Verweilen und Genießen des traumhaften Panoramas ein. Kurz darauf verlässt der Weg wieder den Wald und führt am Rande von Erbach entlang auf ein weites Feld. Brombeerbüsche, Blühstreifen und Obstbäume säumen den Weg und machen ihn damit gleichermaßen zur Augenweide wie zum Gaumenschmaus.

In Erbach wartet gleich am Anfang der Altstadt eine verdiente Stärkung: eines der ältesten Gasthäuser Deutschlands – das Gasthaus Zum Hirsch (www.michels-restaurant.de). Hier

wird gutbürgerliche Küche mit Akzenten aus der Region, aus Italien und Frankreich aufgetischt, die direkt auf der Terrasse am Fluss genossen werden kann. Die Pause tut auch den Füßen gut.

Trotzdem geht es nach dem Mittagessen weiter zum Tempelhaus, der Habermannsburg und dem Burgmannenhaus Pavey, die alle drei trotz ihres Alters gut erhalten sind. Die Stadtkirche aus dem Jahr 1750 bildet einen spannenden Kontrast zu den mittelalterlichen Gebäuden und ist als eine von wenigen Querbauten zudem ein bedeutendes Kirchengebäude. In ihrem 48 Meter hohen Turm läutet noch täglich eine Glocke aus dem Jahr 1357. Auch das Schloss Erbach ist sehenswert. Es wurde im Barockstil umgestaltet und sein ältestes Bauwerk ist der Bergfried aus dem 12. Jahrhundert.

Bald führt der Weg auf ein Feld, dann wird durch den Wald eine kleine Freiluftkapelle erreicht. Noch ein letztes Stück und schon

---

Hin & weg: Mit der Odenwaldbahn nach Michelstadt oder einfach am Großparkplatz Altstadt an der Erwin-Hasenzahl-Halle parken.

Beste Zeit: Ganzjährig.

Dauer & Strecke: 5 Std. reine Gehzeit, 17 km, plus Einkehr in Erbach.

Ausrüstung: Wanderschuhe und Kleingeld zum Einkehren. Im Sommer eine Mütze und/oder Sonnencreme mitbringen, da ein Großteil der Wanderung auf offenen Flächen verläuft.

St. Jakob Zur Not Gottes war nicht nur eine Kapelle, sondern zwischen dem 13. und 16. Jahrhundert sogar ein bekanntes Wallfahrtsziel. Seit ca. 100 Jahren wird sie wieder für religiöse Zeremonien genutzt.

sind die ersten Dächer von Michelstadt in Sicht. Immer geradeaus führt der Weg direkt in die Altstadt und zum berühmten Rathaus von Michelstadt. Die malerische Stadt gilt als eine der ältesten Siedlungen des Odenwalds und wurde schon im achten Jahrhundert namentlich erwähnt. Weitere Highlights sind die Stadtkirche, die Burg Michelstadt und natürlich die Gassen mit den bunten Fachwerkhäusern. Wer noch eine Stärkung braucht, kann diese direkt am Rathaus bekommen und dabei die Aussicht noch ein Weilchen genießen.

FAZIT: ANSTRENGEND, ABER EINMALIG SCHÖN. BEIDE ALTSTÄDTE SIND MALERISCH UND BELOHNEN FÜR DIE MÜHE.

Auf der anderen Seite des Rathauses führt eine Gasse flugs zum Ausgangspunkt, zum Großparkplatz Altstadt.

Hexen-Häuschen

FLUCHT IN DIE SCHLUCHT

… in der Rückersbacher Schlucht

#32

Eine Schlucht mit imposantem Felsenmeer, ein Hexenhäuschen und ein traumhafter Blick ins Rhein-Main-Gebiet … All das und noch mehr wartet auf dem Europäischen Kulturweg Kleinostheim, der durch die Rückersbacher Schlucht führt.

#MeerausFels #Schluchtenglück #EuropäischerKulturweg

Auf einem Hügel, bevor Sternberg erreicht ist, kann man in der Ferne die Skyline von Frankfurt und die Formen des Taunus erblicken.

Schluchten sind im Spessart eine Seltenheit. Daher bietet der Europäische Kulturweg Kleinostheim ein außergewöhnliches Naturerlebnis. Los geht es am Schluchthof, einem Restaurant und Biergarten am Rande des Waldes (www.schluchthof.de). Zunächst entfernt sich der Weg jedoch von der Schlucht: Die auf dem Reißbrett entstandene Siedlung Waldstadt mit ihren Bungalows, die die Zukunft des Wohnens verheißen sollten, ist das erste Ziel.

Danach verläuft die Tour durch ein Feld, dann am Waldrand entlang bis zu einem Wanderparkplatz, von dem der Weg links in den Wald hineinführt. Vorbei an einer Wanderhütte mit allerlei Informationen zum Wald und den Tieren, die hier leben, gelangt man zu drei kleinen Waldseen. Die folgende Strecke ist idyllisch, man hört die Vögel zwitschern und mit etwas Glück sieht man den einen oder anderen Bewohner des Waldes.

Nachdem der Weg aus dem Wald herausgeführt hat, schlängelt er sich zwischen Wald und Feld entlang bis zu einer Hochebene. Der Panoramablick reicht bis zu den Hochhäusern Frankfurts und dem Gipfel des Feldbergs. Eine Bank lädt dazu ein, die Aussicht eine Weile zu genießen. Dann ist auch schon Sternberg erreicht, von wo es nur noch ein Katzensprung zur Schlucht ist. Die Landschaft verändert sich. Sie wird felsiger, imposanter, fast märchenhaft. Gleichzeitig wirkt sie surreal. Mehr und mehr Felsen scheinen wie bewusst so angeordnet in Gruppen zusammenzuliegen und ein Felsenmeer zu bilden. Der Rückersbach, der der Schlucht seinen Namen gibt, plätschert in seinem Bachlauf neben dem Wanderweg.

Eine alte Steinbrücke verführt zu einem kurzen Fotostopp. Kurz darauf kommt man zum Hexenhäuschen. In der Rückersbacher Schlucht gab es mehrere Steinbrüche, und dies war die Schutzhütte für die Arbeiter. Heute dient es Wanderern als Schutz vor plötzlichem Regen oder einfach als Fotomotiv mit mythischem Touch.

Nun ist es bereits nicht mehr weit zurück zum Ausgangspunkt – dem Schluchthof, in dem

man den erlebnisreichen Tag mit einer leckeren Stärkung ganz entspannt Revue passieren lassen kann.

FAZIT: HIER WARTET EINE IM SPESSART EINZIGARTIGE KOMBINATION AUS SCHLUCHT UND PANORAMABLICK. SO KOMMEN NATURFREUNDE UND FOTOFANS GLEICHERMAßEN AUF IHRE KOSTEN.

Hin & weg: Mit der Buslinie 50 von Aschaffenburg Richtung Kahl am Main und an der Haltestelle Rückersbacher Schlucht aussteigen. Alternativ mit dem Auto zum Schluchthof, dort gibt es einen kostenlosen Parkplatz.

Beste Zeit: Ganzjährig.

Dauer & Strecke: 3 Std. reine Gehzeit, 13 km, plus Einkehren im Schluchthof.

Ausrüstung: Wanderschuhe und Kleingeld zum Einkehren.

NATÜRLICH PLANSCHEN

… im Naturbad Altengronau

#33

Wer natürlich und ganz ohne Chemie baden möchte, ist im Naturbad Altengronau genau richtig. Einen Frosch ins nächste Gebüsch hüpfen sehen? Oder einen Molch, der davonschwimmt? Hier ist das ganz normal …

#ohneChemie #aufNatursetzen #Schwimmbadmalanders

Das bringt jedes Kind zum Strahlen: die Elefanten-dusche am Planschbecken.

Das Wasser mag getrübt sein. Der Badespaß ist es nicht! Das Naturbad Altengronau ist ein ganz besonderes Erlebnis für den Badegast und seine Haut – natürlich. Denn Chemikalien oder Chlor für die Reinigung sucht man hier vergeblich. Das Wasser wird durch einen natürlichen und fast geschlossenen Kreislauf gereinigt. Aber wie funktioniert das? Die Hygienevorschriften für Schwimmbäder zählen hier schließlich genauso wie überall sonst auch.

Der Schlüssel liegt in einem Filtersystem über drei Becken: ein Absetzbecken, ein Filterteich und ein Pflanzenteich. Die kann man sich sogar anschauen, da sie direkt hinter dem Schwimmbad angelegt sind. Zum Baden sind jedoch die Becken im Schwimmbad vorgesehen. Vor allem im Pflanzenteich tummeln sich unglaublich viele grasgrüne Frösche und flinke Molche. Wer sich langsam bewegt, bekommt vielleicht den einen oder anderen zu Gesicht. Libellen in mannigfaltigen Farben runden das Bild ab. Aber das Aussehen steht nicht im Vordergrund. Wichtig ist das Filtern des Badewassers. Regelmäßige Tests zeigen, dass die Wasserqualität im Naturbad problemlos mit anderen Bädern mithalten kann.

Es ist also alles andere als schlimm, wenn man sich beim Schwimmen plötzlich einer Amphibie gegenübersieht. Das Leben im Wasser ist viel mehr Zeugnis der guten Qualität und Reinheit. So sollte dem Badespaß auf der Rutsche oder beim Sprung vom Ein-Meter-Brett nichts mehr im Wege stehen. Für die ganz Kleinen gibt es ein Planschbecken. Das Wasser dafür spritzt aus dem Rüssel eines steinernen Elefanten.

Wer noch nicht genug hat, kann direkt um die Ecke einen Barfußpfad entdecken, eine

---

Hin & weg: Am besten mit dem eigenen Auto. Das Naturbad verfügt über einen großen Parkplatz. Die Bushaltestelle Altengronau, Sinntal liegt 1,5 Kilometer entfernt.

Beste Zeit: Wenn die Thermometeranzeige steigt. Infos und Öffnungszeiten findet man auf www.sinntal.de unter der Rubrik Gemeinde/Freizeiteinrichtungen.

Dauer: Nach Lust und Laune.

Ausrüstung: Handtuch, Badesachen, Kleingeld für den Eintritt und vielleicht für eine Erfrischung oder etwas zum Knabbern.

Ob beim Planschen im Wasser, beim Sonnetanken am Beckenrand oder mit Pommes und Eistee in der Cafeteria ... in Sachen Genießen steht das Naturbad Altengronau anderen Schwimmbädern in nichts nach.

Kneippkur machen oder eine kurze Wanderung zu einem alten jüdischen Friedhof unternehmen. So kann man das Naturerlebnis mit ein wenig Kultur verbinden.

Das Schönste am Naturbad Altengronau ist jedoch nicht das naturnahe Baden. Es ist auch nicht der positive Einfluss des natürlichen Wassers auf die Haut oder die Energieeffizienz des Naturpools. Das Schönste hier ist die familiäre Atmosphäre. Hier heißt es: willkommen sein und wohlfühlen. So funktioniert Abschalten!

FAZIT: FÜR EINEN ENTSPANNTEN TAG MIT WASSERSPAß UND BRUTZELN IM ZEICHEN EINES SCHÖNEN TEINTS.

BERGAUF, BERGAB

… auf dem Beerfelder Rundkurs ab Hetzbach

#34

Durch dichten Nadelwald, idyllische Täler und Hügel mit fantastischem Panorama führt der Beerfelder Rundkurs auf vornehmlich befestigten Wegen. Nur drei Steigungen sorgen für einen höheren Puls. Der Rest der Tour steht im Zeichen von Genuss-Radwandern und Abschalten.

#Fahrradtour #durchdenschönenOdenwald #BergundTal

Der 1880 entstandene neugotische Bau der Martinskirche ist bis heute kaum verändert worden.

Vom Startpunkt, dem Bahnhof Hetzbach, führt ein Weg mit der Markierung R4 in Richtung B45. Dieser folgend, überquert der Weg nach wenigen Hundert Metern die Bundesstraße auf einer Brücke. Beerfelden, die Stadt, nach der diese Radwanderung benannt ist, wird nur gestreift. Nach einer Steigung öffnet sich ein freies Feld und der Radweg führt nach Rothenberg. Dann wird der Nadelwald der Hirschhorner Höhe erreicht. Die weitere Strecke ist gut ausgeschildert. Bald heißt es, tüchtig in die Pedale treten, denn der Weg steigt an.

Wenn sich der Wald lichtet, hat man freien Blick und ein tolles Panorama. Bis nach Rothenberg ist Genießen angesagt. Die Straße fällt ab und der Fahrtwind trocknet den Schweiß des vorherigen Anstiegs. In Rothenberg locken zwei Highlights: der Krämersbrunnen, dessen Wasser aus einer Kluftquelle stammt, also einer Quelle, bei der das Wasser aus natürlichen Spalten im Gestein tritt, und die St. Martinskirche aus dem Jahr 1881. Beide warten direkt neben dem Weg.

Den Schildern auf den Finkenbacher Weg folgend, wird der Ort auch schon wieder verlas-

---

Hin & weg: Mit der Odenwaldbahn, in der das Fahrrad mitgenommen werden kann, nach Oberzent-Hetzbach, oder mit dem Auto zum Bahnhof und dort parken.

Beste Zeit: Ganzjährig.

Dauer & Strecke: 4,5 Std., 45 km.

Ausrüstung: Fahrrad und Helm, etwas Geld zum Einkehren.

Wer in die Pedale tritt, wird erst mit tollen Aussichten belohnt und kann sich am Ende Kaffee und Kuchen gönnen.

sen. Es folgt eine Etappe auf der Kreisstraße, bis es am Gasthaus Zur Traube links abgeht. Ein leichter Anstieg kündigt den Ort Olfen an, der am Hang liegt.

Kurz darauf folgt die anspruchsvollste Steigung der Tour. An der Olfener Höhe überschneidet sich der Radweg dann bis zum Waldrand mit der Landstraße. Dort führt der Radweg nach links. Über offenes Feld mit Blick auf Airlenbach wartet bald das Rotwildgehege auf der linken Seite. Mit etwas Glück kann der junge Platzhirsch Gregor in Augenschein genommen werden. Dann fährt man bis zu einer Kreuzung, an der es wieder in den Wald geht. Kurz vorm Beerfelder Galgen verläuft der Weg rechts über das Feld und schon ist Beerfelden wieder in Sicht.

Ein kurzer Stopp im Café Riesinger (www.cafe-riesinger.de) macht alle Anstrengungen wett: Gestärkt durch Kaffee und Kuchen sind die letzten fünf Kilometer ein Klacks. Stadtauswärts gelangt man flugs wieder zu der Brücke über die B45, und von da ist der Ausgangspunkt schnell erreicht.

FAZIT: EIN ENTSPANNTER RADAUSFLUG FÜR ALLE, DIE SANFTE STEIGUNGEN UND NICHT ZU STARKE GEFÄLLE AUF EHER BEFESTIGTEN STRAßEN SUCHEN.

PADDELN INS GLÜCK

… von Gräfendorf nach Gemünden am Main

Die Perspektive vom Wasser aus birgt Potenzial für Entdeckungen. Angefangen bei Enten, die sich zwischen den Gräsern verstecken, über Pflanzen unter Wasser, die sonst dem Auge verborgen bleiben, bis zu Libellen, deren Antlitz sich im Wasser spiegelt. Welch magisches Schauspiel!

#mitdemStrom #paddelnmitSchwänen #Wasserwanderung

Ein seltener Anblick in Deutschlands Gewässern: eine Schildkröte.

Treffpunkt ist der Sportplatz in Gräfendorf. Hier stehen die Kajaks bereit – es gibt Einer- und Zweier-Kajaks – und man erhält eine kleine Einweisung in die elf Kilometer lange Tour, die über abenteuerliche Stromschnellen sowie ruhige Abschnitte führt. Auch wird erklärt, dass es drei Wehre gibt, also kleine Stauanlagen. Diese Stellen sind mit einem Schild gekennzeichnet und müssen an Land umgangen werden.

Mit Wasser und Proviant im Dry Bag kann die Tour dann endlich starten. An der Einstiegsstelle zeigt ein weißes Schild zwei Menschen, die ein Kajak eine Treppe hinabtragen. Mit einer Hand am Boot und einer an Land hält man das Paddelboot an Ort und Stelle. Mit einem Fuß voran lässt man sich langsam in die Sitzluke gleiten. Die Balance zu finden kann am Anfang schwierig sein. Aber bereits nach kurzer Zeit fühlt es sich ganz natürlich an, sich paddelnd fortzubewegen.

Die Strömung erfasst das Boot und mit kräftigen Paddelschlägen geht es vorwärts. Der Perspektivenwechsel zeigt Dinge, die einem sonst verborgen blieben. So zum Beispiel das kleine Vögelchen, das so schnell flattert, dass

seine Flügel kaum mehr zu sehen sind und es wie ein blauer Klecks aussieht. Schwäne gleiten elegant, aber auch wachsam durchs Wasser. Das Kajak wird misstrauisch beäugt und der ein oder andere Schwan plustert sich auf, um seine Autorität hier auf dem Fluss zu demonstrieren. Dabei zeigt er stolz sein weißes Gefieder.

In Wolfsmünster wird das erste Wehr erreicht. Nun ist es Zeit, rechts ranzupaddeln. Die kurze Strecke ist schnell überbrückt und auf der anderen Seite der kleinen Insel geht es sofort weiter. Die Strömung ist noch stark durch die Stauung und so zischt man im Kajak die ersten Hundert Meter in einem Affenzahn. Die Fahrt zum nächsten Wehr nach Schönau vergeht schneller. Plötzlich taucht das Schild auf der rechten Seite auf. Der Abschnitt, den das Kajak gezogen oder getragen werden muss, ist hier deutlich länger und die Arme müssen ihre Kraft unter Beweis stellen. Wer will, kann an dieser Stelle eine Rast oder sogar ein Picknick einplanen, um die Sonne zu genießen und dem Körper eine Pause zu gönnen.

Hin & weg: Mit der Erfurter Bahn nach Gräfendorf oder alternativ mit dem Auto direkt zum Sportplatz. Die Bahn fährt auch zwischen Gemünden am Main und Gräfendorf, sodass der Rückweg zum Auto ganz einfach ist.

Beste Zeit: Sobald es warm genug ist.

Dauer & Strecke: Etwa 3 Std. reine Paddelzeit für 11 km.

Ausrüstung: Je nach Bedarf Wasser und Snacks. Bei Kälteempfindlichkeit eventuell einen Neoprenanzug. Das Kajak kann über www.mckamp.de reserviert werden.

Wer die Verbindung zur Natur sucht, fährt mit dem Kajak genau richtig: Die Nähe zum Wasser und zu den Tieren, die hier leben, machen eine solche Tour aus.

Endlich geht es weiter und beim letzten Abschnitt verändert sich die Landschaft. Das Wasser wird ruhiger. So ruhig, dass das Kajak auf der Stelle stehen bleibt, wenn man nicht paddelt. Kurz vor dem Ziel stößt man noch auf das letzte, das Gemündener Wehr. Wieder muss das Kajak nur über eine kleine Strecke getragen werden. Vorbei am Campingplatz in Gemünden sind bereits im Wasser angebundene Kajaks zu erkennen. Hier heißt es: Endstation! Raus aus dem Kajak und schon hat man wieder dauerhaft festen Boden unter den Füßen.

FAZIT: EINE ABENTEUERLICHE PADDELPARTIE MIT MUSKELKATER-, ABER AUCH SPAßGARANTIE.

TOSKANA-FEELING PUR

… von Darmstadt nach Weinheim

An der Bergstraße reihen sich idyllische Städtchen mit malerischen Fachwerkhäusern und sonnenbeschiene Weinberge aneinander. Der Radweg selbst ist weitgehend flach, führt aber durch eine Kulisse bestehend aus Weinberghängen, Burgen und Bilderbuchorten.

#angenehmradeln #Weinberge #Burgenliebe

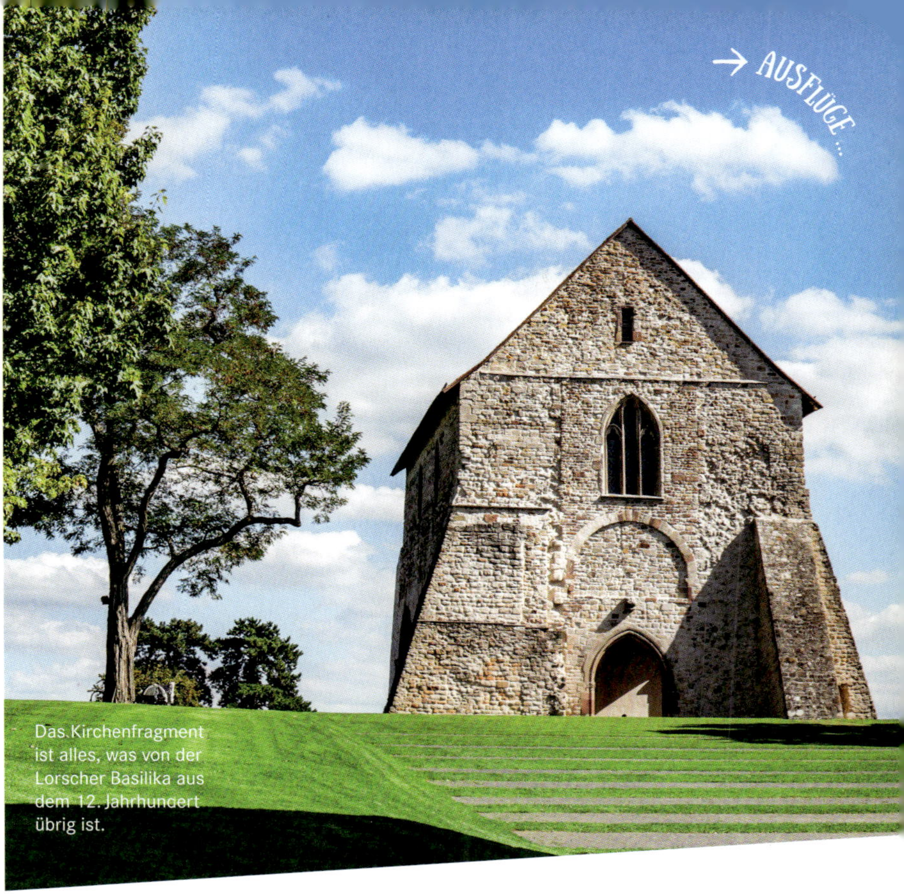

Das Kirchenfragment ist alles, was von der Lorscher Basilika aus dem 12. Jahrhundert übrig ist.

Startpunkt der Fahrradtour entlang der Bergstraße ist der Luisenplatz in Darmstadt, von wo es zum Wilheminenplatz mit der fotogenen Kuppelkirche St. Ludwig geht. Durch den Prinz-Emil-Garten und die Orangerie hindurch führt der Weg nach rechts und dann nach links auf die Heidelberger Straße. Raus aus dem Stadtgebiet und schon befindet man sich in der Natur.

Nach einer Strecke durch Wälder und Felder ist Eberstadt erreicht – es ist der Beginn einer ganzen Reihe von malerischen Städten, die wie in einer Perlenkette aneinandergereiht sind. Und dies immer im Wechsel mit naturnahen Wegen.

Das erste Highlight ist das Auerbacher Schloss (www.schloss-auerbach.de). Majestätisch thront es auf seinem Hügel und begleitet den Weg für eine ganze Weile. Wer die Tour verlängern möchte, kann hier einen Umweg von insgesamt knapp sechs Kilometern hin und zurück machen und die Ruine der Grafen Katzenelnbogen besichtigen. In der Burgschenke wartet zudem neben einer Stärkung

ein herrliches Panorama in die Ebene, sodass man den Radweg von oben betrachten kann.

Weiter geht's zum nächsten Höhepunkt: dem Kloster Lorsch (www.kloster-lorsch.de). Die Benediktinerabtei wurde 764 gegründet und war vom 11. bis 13. Jahrhundert Reichskloster, also Macht-, Geistes- und Kulturzentrum. Es ist seit 1991 UNESCO-Weltkulturerbe. Wer den Umweg über das Schloss Auerbach nicht gemacht hat, kann hier eine Pause mit Blick auf das alte Kloster einlegen.

Ohne Umwege geht es nach Heppenheim, und auch wenn man hier teilweise das Fahrrad schieben muss (Schilder beachten!), lohnt sich der Abstecher in die mittelalterliche Altstadt. Die romantischen Gässchen laden dazu ein, innezuhalten und die Atmosphäre auf sich wirken zu lassen. Am Marktplatz, nach dem einzigen Anstieg der Tour, kann die Aussicht auf die bunten Fachwerkhäuser in einem Café genossen werden.

Durch Laudenbach und Hemsbach geht es zum Endspurt. Nun rücken die berühmten Weinberge der Bergstraße etwas näher und

---

Hin & weg: Mit der Bahn nach Darmstadt. Fahrradmitnahme in der Odenwaldbahn, in Regionalbahnen und in S-Bahnen ist möglich.

Beste Zeit: Ganzjährig, aber am besten im September, wenn die Trauben schon fast bereit für die Lese sind.

Dauer & Strecke: 4 Std. für 55 km plus Zeit zum Einkehren.

Ausrüstung: Fahrrad und Helm, Fotoapparat, ein wenig Geld für die Einkehr.

Heppenheim ist einer der Höhepunkt der Fahrradtour. Wer den lohnenden Abstecher in die historische Altstadt unternehmen möchte, muss jedoch schieben.

schmücken auch die nähere Umgebung des Radweges. Vor allem wenn die Trauben groß und kurz vor der Lese sind, sind die Rebstöcke ein ideales Fotomotiv.

In Weinheim führt der Weg durch drei Parks hindurch – den Stadtgarten, den Schau- und Sichtungsgarten Hermannsdorf und den Schlosspark –, bevor es auf direktem Weg zum Bahnhof geht, um nach Darmstadt zurückzufahren. Wer noch Kraft in den Beinen hat, kann weiter nach Heidelberg radeln und den Tag am Heidelberger Schloss ausklingen lassen.

FAZIT: EIN RADAUSFLUG, FÜR DEN EIN WENIG SITZFLEISCH GEFRAGT IST, DER SICH ABER AUF GANZER STRECKE LOHNT.

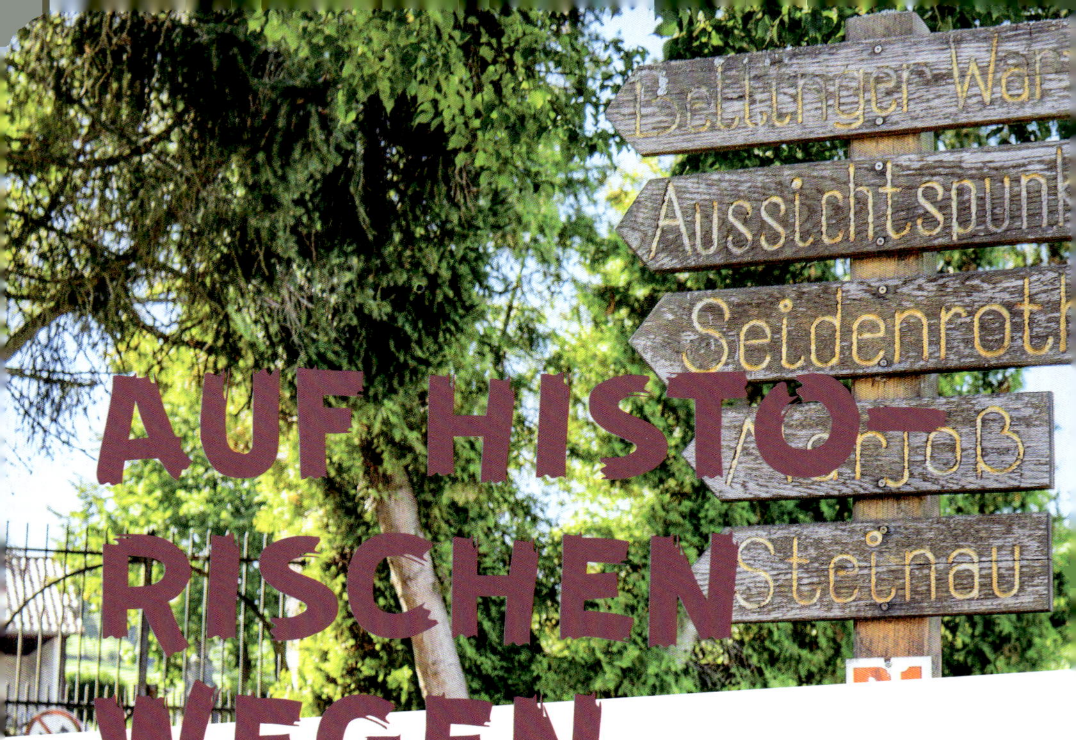

AUF HISTORISCHEN WEGEN

… auf dem Eselsweg ab Schlüchtern

#37

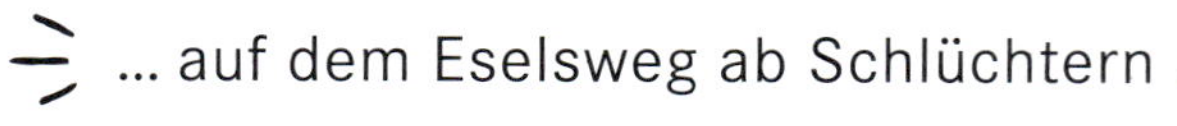

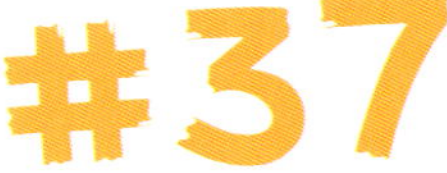

Von Schlüchtern bis nach Großheubach führt der Eselsweg und bietet auf 111 Kilometern einen Einblick in die landschaftliche Vielfalt des Spessarts. Auf der ersten Etappe bekommt man einen guten Einblick in diese historische Handelsstraße, die auf einem Höhenweg verläuft.

#Salzkarawanen #aufEselntransportieren #Spessartbund #Höhenweg

Die Seidenröther Warte ist einer der vier Warttürme aus dem Mittelalter.

Bereits vor 2000 Jahren soll die Route dieses Fernwanderweges von Karawanen genutzt worden sein, um Salz von Bad Orb nach Miltenberg zu bringen. Von dort wurde es dann über den Main verschifft. Für den Transport nutzten die Karawanen Esel, was dem Weg seinen Namen bescherte: Eselsweg.

Der Eselsweg, mit einem schwarzen E auf weißem Grund gekennzeichnet, beginnt direkt am Bahnhof von Schlüchtern. Links an den Parkplätzen vorbei führt der Weg hinab durch einen Wald. Bergab geht es in Richtung Stadt. Vor der Brücke über die Kinzig beginnt ein Park und zur Linken erheben sich die Mauern des im 8. Jahrhundert erbauten Klosters – eines der ältesten sakralen Baudenkmäler Deutschlands. Die Anlage wird heute von einem Gymnasium und der kirchenmusikalischen Fortbildungsstätte genutzt.

Bellings ist ein kleines Dorf, blickt aber auf eine lange Geschichte zurück: Schon im Jahr 800 soll es hier eine Siedlung gegeben haben. Das sieht man dem Bürgerhaus (links) nicht an, aber die Bellinger Warte (Mitte) lässt es vermuten.

Der Weg verläuft parallel zum Fluss und passiert diesen über eine Holzbrücke. Dabei unterquert man die B40. Links geht es auf die Wiesenstraße und durch eine Schrebergartenanlage hindurch, dann rechts auf die Alte Ahlersbacher Straße bis zum Ende des Ortes. Viehweiden und Streuobstwiesen säumen nun den Weg. Kurz nach einem Hof beginnt ein Schotterweg, der immer steiler ansteigt und bald den Wald erreicht. Nach kurzer Zeit im Mischwald öffnet sich zur Rechten das weite Feld und gibt den Blick auf Schlüchtern frei.

Dann kommt der steilste Abschnitt. Nach dem Anstieg führt der Weg wieder aus dem Wald heraus und nach rechts am Feldrand entlang. An einer Moto-Cross-Strecke vorbei biegt er mehrmals ab, ist aber sehr gut ausgeschildert. Mit den GPX-Daten auf dem Handy kann nichts schiefgehen. In Bellings wandert man an der Kirche vorbei auf die Hauptverkehrsstraße. Auf der rechten Seite verkündet ein Schild, dass an einem Automaten frische Eier verkauft werden. Was nicht so groß beworben wird, ist der Automat daneben mit dem selbstgemachten Eis.

Mit dem erfrischenden Eis geht es weiter, am Friedhof vorbei und dann an der nächsten Abzweigung rechts ins Feld. Kurz darauf weist ein Schild auf einen Aussichtspunkt hin. Die Bellinger Warte ist einer von vier Türmen einer Befestigungsanlage aus dem Mittelalter. Von oben hat man einen herrlichen Ausblick. Auf gleichem Weg geht es zurück zur Abzweigung und dort geradeaus. Bald ist ein Erlebnispark erreicht und danach ein Kletterwald.

Anschließend ist Seidenroth nicht mehr weit, doch zuvor passiert man die Seidenröther Warte, einen weiteren Turm aus der Befestigungsanlage. Wer noch Lust und vor allem Energie hat, kann die Etappe des Eselswegs bis Mernes laufen. Für alle anderen wartet in Seidenroth eine Bushaltestelle und das Ende des Tagesausflugs.

FAZIT: DIESE WANDERSTRECKE MACHT LUST, MEHR VOM ESELSWEG ZU ERKUNDEN.

Hin & weg: Da der Weg am Bahnhof in Schlüchtern beginnt, ist eine Anreise mit den öffentlichen Verkehrsmitteln empfehlenswert. Aus Seidenroth fahren Busse.

Beste Zeit: Ganzjährig.

Dauer & Strecke: 4,5 Std. reine Gehzeit, 17 km.

Ausrüstung: Wanderschuhe und Kleingeld zum Einkehren.

Jakobsweg
Main-Taubertal
Panoramaweg

PILGERN FÜR EINSTEIGER

… auf dem Jakobsweg von Boxtal nach Wertheim

#38

Der Jakobsweg ist der wahrscheinlich bekannteste Fernwanderweg der Welt. Ein ganzes Netz aus Wanderwegen führt am Ende zum Grab des Heiligen Jakobus in Santiago de Compostela. Der Jakobswanderweg Liebliches Taubertal beginnt im schönen Spessart.

#Pilgerweg #LieblichesTaubertal #Etappenwanderung

Weltberühmt und sagenumwoben. Der Jakobsweg zieht Pilger aus aller Welt nach Spanien. Dabei besteht er nicht nur aus dem letzten Teil, dem Camino Francés, der von Frankreich nach Santiago de Compostela führt. In Wahrheit verlaufen Wege aus ganz Europa zu diesem einen Fixpunkt hin. So auch der Jakobsweg Liebliches Taubertal, der Wanderer auf insgesamt neun Etappen von Miltenberg nach Rothenburg ob der Tauber bringt. Die zweite Etappe von Boxtal nach Wertheim ist ein 17 Kilometer langer Weg, bei dem das im Vor-

Der Blick ins Tal gibt die Sicht auf die Zivilisation frei, die sonst auf dieser Wanderung so weit entfernt scheint.

dergrund steht, was den Camino de Santiago ausmacht: dem Trubel des Alltags entfliehen, sich in sich kehren und für eine Weile auf das Wesentliche im Leben konzentrieren.

In Boxtal beginnt die Wanderung sogleich mit einem Aufstieg – allerdings ist dies der einzige steile Abschnitt des Weges. Vom Kirchplatz geht es ins Feld und bald darauf in den Wald hinein. Dieser wird erst wieder kurz vor Wertheim verlassen. Es ist also unerlässlich, auf diesem Weg genug Wasser und Proviant dabeizuhaben. Der Weg ist mit der bekannten Jakobsmuschel ausgeschildert und theoretisch auch ohne digitale Hilfsmittel gut zu finden. Einfach immer auf Bäume schauen und sonst stets der Nase nach.

Die Zivilisation scheint völlig fern zu sein. Nur die Tiere des Waldes beweisen, dass man nicht allein auf diesem Planeten weilt. Und so ist es fast surreal, wenn plötzlich der Main zwischen den Bäumen auftaucht und den Blick auf ein Industrie- und Wohngebiet freigibt. Nach einer Weile erscheint die Wertheimer Burg, die auf ihrem Hügel zwischen Main und Tauber thront, im Sichtfeld und kommt langsam näher. Dann lichtet sich der Wald und man läuft entlang einer Siedlung.

Das schöne Wertheim begrüßt einen mit seinen mittelalterlichen Fachwerkhäusern und einer Stärkung. Auf dem Marktplatz gibt es zahlreiche Cafés, die eine Erfrischung, Kuchen oder Snacks bereithalten. Wer noch Kraft in den Beinen hat, sollte sich einen Ausflug auf die Burg (www.burgwertheim.de) nicht entgehen lassen.

Hin & weg: Mit der Buslinie 972 oder 977 von Wertheim nach Boxtal zum Startpunkt. Oder auf einem der kostenfreien Parkplätze entlang der Hauptstraße von Boxtal parken und am Ende mit dem Bus zurück zum Auto fahren.

Beste Zeit: Ganzjährig.

Dauer & Strecke: 5,5 Std. reine Gehzeit, 17 km.

Ausrüstung: Wanderschuhe und etwas Geld zum Einkehren.

FAZIT: ES MUSS NICHT GLEICH SANTIAGO DE COMPOSTELA SEIN. AUCH BEI UNS KANN AUF DEN SPUREN DES HEILIGEN JAKOBUS GEPILGERT WERDEN.

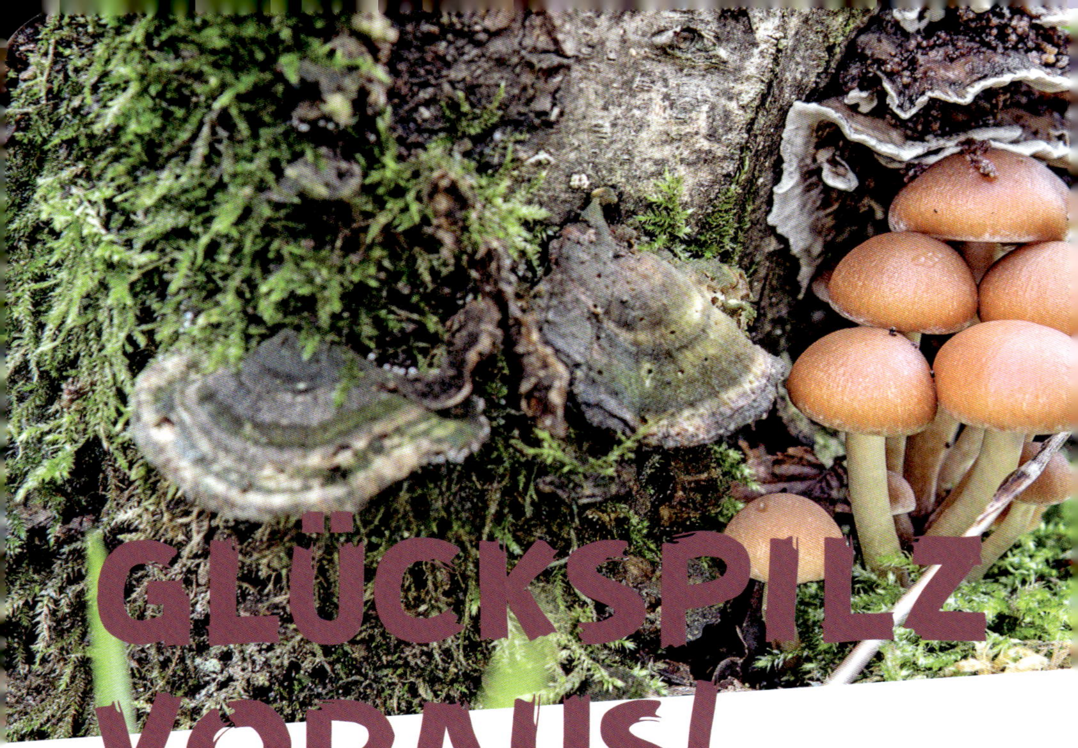

GLÜCKSPILZ VORAUS!

… im Hafenlohrtal

#39

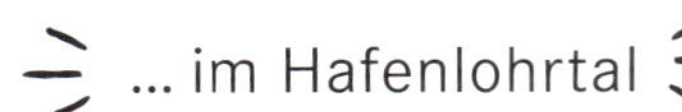

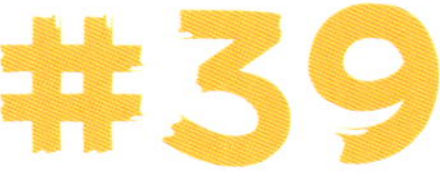

Kaum kommt der Herbst, werden sie sehnlichst erwartet. Manche sind klein und haben einen großen Kopf. Andere sind groß und haben einen dünnen Stil. Und wieder andere leuchten lila, rot oder gelb. Die Rede ist von Pilzen, die erst im Korb und dann im Topf landen.

#Pilzwanderung #Herbstgefühle #reinindiePilze

Das Tal hat seinen Namen von dem 26 Kilometer langen Fluss – der Hafenlohr.

Mit einem Korb und Messer bewaffnet geht es in den Wald. Beim Sammeln der kleinen Trophäen ist vor allem eines erlaubt: vom Weg abzukommen. Vorsichtig mitten durch das herbstlich braune Laub, über Stock und über Stein. Das Hafenlohrtal ist dafür der ideale Ort, auch wenn man aufpassen muss, wo die Naturschutzgebiete beginnen, in denen es verboten ist, Pilze zu sammeln. Das Tal liegt im Herzen des Hochspessarts und ist vielleicht das bekannteste der Region. Die Hafenlohrtal-Runde führt über 7,4 Kilometer vom Gasthaus im Hochspessart in Lichtenau in das malerische Tal und wieder zurück zum Ausgangspunkt. Es ist eine Runde, die sich auch außerhalb der Pilzzeit lohnt. Alternativ kann man auch einfach der Nase, pardon, den Pilzen nach.

Pilze wachsen im Herbst, da sie einen feuchten Boden brauchen und es im Sommer zu trocken ist. Sobald aber die Schauer beginnen und die Luftfeuchtigkeit steigt, sprießen sie zahlreich. Das Sprichwort kommt ja nicht

von ungefähr. Und so sieht sie das aufmerksame Auge unter Bäumen, auf Moos oder einfach zwischen dem Laub hervorlugen. Vor allem weiße Flaschenboviste, die Kügelchen am Kopf haben, die wie Perlen anmuten, und braune Rotfußröhrlinge schaffen es heute in den Korb.

Aber Vorsicht ist geboten! Denn es besteht leicht Verwechslungsgefahr. Selbst mit jah-

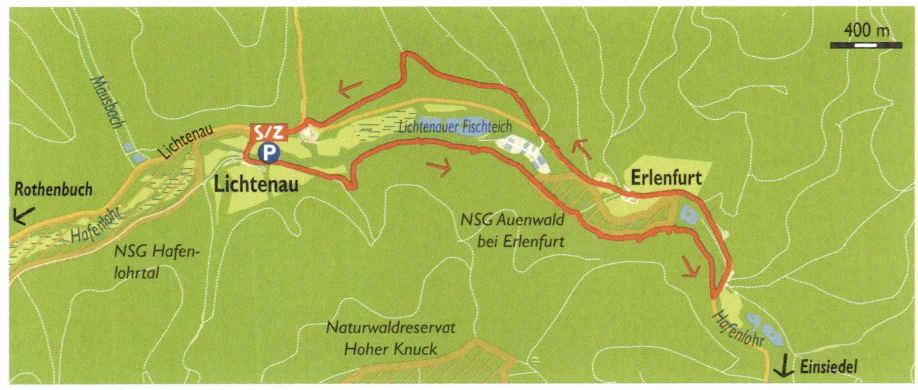

Flaschenboviste und Rotfußröhrlinge dürfen in den Korb, aber der Fliegenpilz bleibt, wo er ist. Er darf nur für das Foto posieren.

relanger Erfahrung und einem Bestimmungsbuch im Gepäck. Wer sich nicht sicher ist, sollte einen Experten zu Rate ziehen oder einfach beim Anschauen bleiben. Zum Glück gibt es im ganzen Land Pilzberater, die genau wissen, was in den Kochtopf kann und was nicht. Da die Knolle zur Bestimmung entscheidend sein kann, ist es empfehlenswert, den ganzen Pilz aus dem Boden zu drehen, falls man sich hinterher eine weitere Meinung einholen möchte.

Die Sammelleidenschaft sollte jedoch nicht überhandnehmen: Die Menge, die im Korb landet, darf den Eigenbedarf nicht übersteigen. In Bayern liegt dieser bei ein bis zwei Kilo pro Tag. Aber so hat man wenigstens einen Grund, häufiger in den Wald zu gehen und weitere Wanderwege im Hafenlohrtal und im Spessart allgemein zu entdecken.

Hin & weg: Am besten per Auto zum Gasthaus im Hochspessart in Lichtenau. Dort gibt es Parkplätze.

Beste Zeit: Sobald die Pilze sprießen, also im Spätsommer und Herbst, je nachdem, wie viel es geregnet hat.

Dauer & Strecke: 2 Std. reine Gehzeit, 9 km. Mit Pilzsuche mindestens 4 Std. bis open end. Da es im Hafenlohrtal Naturschutzgebiete gibt, sollte man sich immer vergewissern, ob man Pilze sammeln darf.

Ausrüstung: Wanderschuhe, ein Korb für die Pilze, ein Pilzmesser und ein Buch zur Pilzbestimmung.

FAZIT: EINE SCHÖNE TOUR FÜR ALLE, DIE DAS SCHÖNE HAFENLOHRTAL ERKUNDEN WOLLEN UND AUF DER SUCHE NACH (GLÜCKS-)PILZEN SIND…

STEINHARTE KLETTER-PARTIE

… durchs Felsenmeer im Vorderen Odenwald

Einen Abstecher in eine Welt aus Sagen, Geschichte und Naturwissenschaft bietet das Felsenmeer unterhalb des Felsbergs. Die zahllosen Granitbrocken geben dem Gebiet ihren Namen und ziehen Touristen wie Locals gleichermaßen an. Denn hier herrscht Kletter- und Wanderspaß pur.

#kletternmachtSpaß #GranitgoesGeschichte #Geopark

60 Millionen Jahre Geschichte – so lange gibt es das Felsenmeer.

Imposant türmen sich die Felsen aus dunklem Granit wie wild tosende Wellen, die vor langer Zeit urplötzlich erkaltet sind. Daher der Name: Felsenmeer. Unterhalb des Felsbergs ist über Jahrmillionen durch geologische Prozesse dieser Ort entstanden, der zugleich eine Reise durch die Geschichte wie durch die Welt der Sagen ist.

Im Volksmund heißt es, zwei Riesen, deren Reiche durch das Lautertal getrennt waren, seien in Streit geraten. Sie hätten sich so lange mit Steinen beworfen, bis einer von ihnen unter den Felsbrocken begraben wurde. Felshocker, der auf dem Felsberg hauste, zog den Kürzeren und der Sage nach kann man noch heute sein zorniges Brüllen unter dem Meer aus erbarmungslosem Granit hören.

Die Wanderung startet am Geopark-Informationszentrum Felsenmeer (www.felsenmeer-zentrum.de), in dem man Hintergrundwissen zur Entstehungsgeschichte sowie zum Wirken der alten Römer in dieser Gegend erhält. Auch

wenn das Felsenmeer selbst das ganze Jahr frei zugänglich ist, öffnet das Informationszentrum in der Winterzeit nur an Wochenenden. Das hält Mutige aber nicht davon ab, sich ins Abenteuer zu stürzen.

Es beginnt mit einer Kletterpartie, die einen ordentlich ins Schwitzen bringt. Man sollte dabei nicht vergessen, sich regelmäßig umzuschauen. Der Ausblick ist viel zu schön, um ihn zu verpassen. Und je höher man kommt, desto besser wird er! Etwa auf der Hälfte des Weges wartet eine Holzbrücke, die viele für eine Verschnaufpause oder ein kleines Picknick nutzen. Die Stärkung tut gut und man kann währenddessen das sogenannte Krokodil bestaunen – ein Fels, von dem die Natur wohl wollte, dass er dem Kopf des angsteinflößenden Reptils gleicht.

Doch weiter geht's! Es folgt eine letzte Klettereinlage, bis sich das Felsenmeer langsam lichtet. Die Granitblöcke stehen weiter auseinander und bieten genug Platz, um zwischen ihnen zu laufen. Bald stößt man auf einen Biergarten mit Kiosk, der sich für eine kurze Stärkung anbietet. Direkt daneben kann man

---

Hin & weg: Vorzugsweise mit dem Auto gegen eine geringe Gebühr am Informationszentrum parken. Alternativ mit dem Bus der Linie 5560 ab Bensheim bis Reichenbach-Markt.

Beste Zeit: Ganzjährig, solange es trocken ist. Bei Nässe herrscht auf den Felsen Rutschgefahr.

Dauer & Strecke: 3,5–4 Std. reine Wanderzeit, 9 km. Mit Pausen, Einkehr und Kletterpartien mindestens 4 Std. einplanen.

Ausrüstung: Festes Schuhwerk und ein wenig Geld zum Einkehren.

Bis in die 70er-Jahre traf man hier nicht vornehmlich Wanderer an, sondern Steinhauer, die das begehrte Gestein nutzten. Zum Glück ist das Felsenmeer mittlerweile ein Schutzgebiet.

die Riesensäule bewundern, die das eindeutigste Zeugnis dafür ist, dass die Römer in der Antike in dieser Gegend waren.

Nun ist es nur noch ein kurzer Spaziergang bis zum Parkplatz Felsberg. Dort wartet eine Einkehrmöglichkeit, die man sich nicht entgehen lassen sollte: Ada's Buka (www.adas-buka.de) bietet afrikanische, aber auch lokale Küche. Mit gefülltem Magen verläuft der Weg hinauf zur Kuralpe. Danach geht es zurück und man folgt den Schildern des Nibelungensteigs. So gelangt man zurück zum Informationszentrum.

FAZIT: EINE WANDERUNG MIT MUSKELKATERGARANTIE UND BESONDERS HOHEM SPAßFAKTOR.

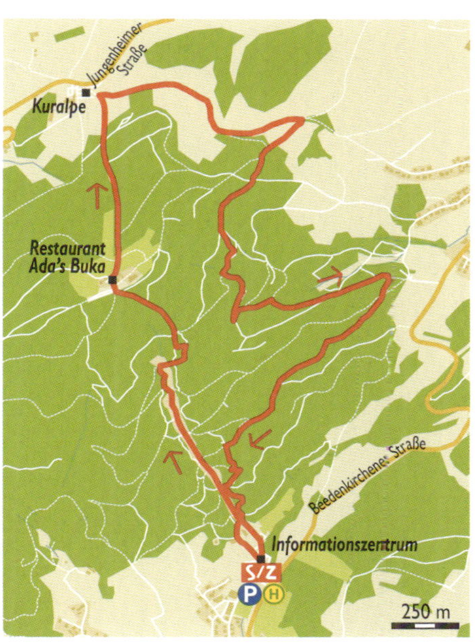

3. KAPITEL – MINIURLAUB

Ferien für ein Wochenende

In den Sonnenuntergang reiten, im Millionen-Sterne-Hotel übernachten oder Radelfreude am Main erleben – so sieht der perfekte Miniurlaub aus!

36H

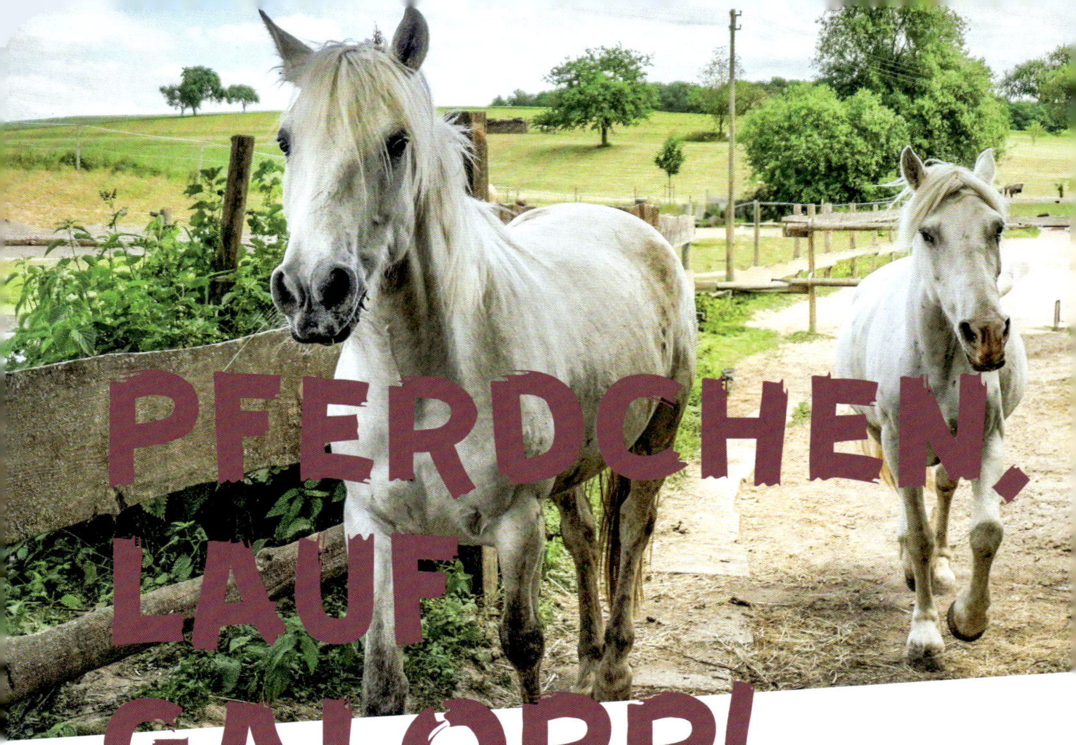

PFERDCHEN, LAUF GALOPP!

… auf dem Reiterhof Pan Perdu in Mosbach

#41

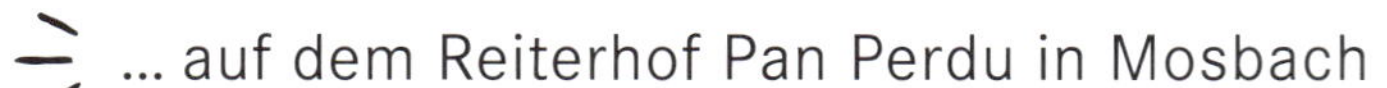

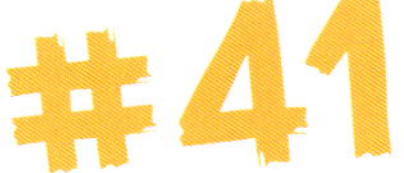

Hoch zu Ross in den Sonnenuntergang reiten, den Hühnern eine gute Nacht wünschen und den Hofhund ablenken, damit er den Pferden nicht die Möhren wegfrisst. Auf diesem Reiterhof erlebt man einfach tierisch gute Momente.

Die Tiere auf der Koppel zu beobachten, ist ein Fest für jeden Pferdeliebhaber.

»Wenn sie schnauben, heißt das meistens, dass sie sich wohlfühlen«, erklärt die Hofbesitzerin mit einem strahlenden Lächeln. Sanft im Schritttempo wiegend, geht es durch den Wald. »Wir sehen eigentlich bei jedem Ausritt Tiere«, erzählt sie weiter und man kann es kaum lassen, sich suchend umzublicken, ob zwischen den Büschen und Bäumen nicht gerade ein Fuchs oder ein Hase davonhuscht.

Der erste Tag auf dem Hof Pan Perdu (www.hof-panperdu.de) verläuft ganz entspannt. Ankommen, die Tiere und den Hof kennenlernen, ein erster Ausritt von einer oder zwei Stunden. Elf Pferde zählt der Hof. Darunter ein Fohlen, ein majestätischer Hengst, der mehr wie ein Einhorn denn wie ein Pferd erscheint, zwei Wallache – also kastrierte männliche Pferde – und sieben ausgewachsene Stuten. Sie sehen aber nicht nur gut aus: Einige von ihnen sind sogar trainierte Zirkuspferde. Und wer freundlich fragt, dem verwehrt die Hofbesitzerin den Wunsch nicht und vollführt das eine oder andere Kunststück mit ihren Lieblingen. Wenn

sie den stolzen Elegante zum Steigen bringt, sieht man in ihren Augen die Leidenschaft für die Pferde und den Hof aufblitzen.

An Tag zwei geht es ans Eingemachte. Die Pferde müssen gestriegelt und reitfertig gemacht werden. Im Anschluss heißt es aufsatteln und Steigbügel einstellen. Wer das Tier wirklich reiten lernen und nicht einfach nur auf seinem Rücken über Felder und durch Wälder getragen werden will, muss sich die Kommandos aneignen. Die Zügel wollen korrekt gehalten werden. Jede Bewegung – sei es von den Füßen, von der Hüfte oder vom Oberkörper – sendet einen Impuls an das Pferd, das wiederum versucht, ihn zu interpretieren. Pferde sind extrem schlaue Tiere und es macht Spaß, mit ihnen zu experimentieren, bis man das Gefühl hat, eins mit ihnen zu sein.

Nach einer guten Stunde beginnt der Ausritt. Ein halber Tag ist dafür vorgesehen. Für Un-

---

Hin & weg: Am besten mit dem Auto.

Beste Zeit: Ganzjährig.

Dauer & Strecke: Nach Lust, Laune und Absprache.

Ausrüstung: Jeans, Turnschuhe und einen dicken Pulli einpacken. Beim Reiten im Wald kann es kühl sein.

Wenn es Nacht wird: Noch hat der Hof keine Ferienwohnungen. Bis diese fertig sind, empfiehlt sich die Schreinerschenke und Pension Schreckhof (www.schreckhof.de). Der Schreckhof liegt keine fünf Minuten mit dem Auto vom Hof Pan Perdu entfernt und bietet ein gutes Preis-Leistungs-Verhältnis.

Der Hof Pan Perdu liegt am Rand von Reichenbuch, einem Stadtteil von Mosbach – und er liegt genau richtig, damit man schnell in der Natur ist.

geübte reicht das bereits, um es im Gesäß zu spüren. Das ändert aber nichts an dem Hochgefühl, das aufkommt, wenn man sich sanft im Einklang mit dem Pferd wiegt. Zeit und Raum verlieren für ein paar Stunden ihre Bedeutung. Während einer kurzen Galoppstrecke steigt das Adrenalin und das Herz schlägt höher.

Zwar scheint der Ausritt das Highlight des Wochenendes auf dem Reiterhof zu sein, aber in Wirklichkeit ist es die Tatsache, seinen Teil zum Hofleben beitragen zu können und die Welt einmal Welt sein zu lassen.

FAZIT: FÜR JEDEN PFERDEFAN EIN MUSS! OB ANFÄNGER ODER FORTGESCHRITTENER, AUF HOF PAN PERDU VERLIERT MAN SCHNELL SEIN HERZ AN DIE GUTMÜTIGEN VIERBEINER.

WO STÖRCHE KLAPPERN

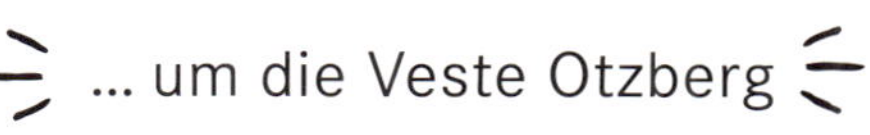

#42

Hügeliges Land, die stolz alles überragende Burg aus dem Mittelalter und als Highlight klappernde Störche. Otzberg und die nähere Umgebung bieten kurzweilige Wandererlebnisse für Naturfreunde.

#Storchenfreude #Mittelalterstadt #Klipperklapper

Otzberg Hering ist mit seiner mittelalterlichen Veste, die auf dem 368 Meter hohen Berg gleichen Namens thront, ein echtes Erlebnis für Mittelalter- und Naturfreunde. Hier laufen die Uhren langsamer und man kann mal so richtig entschleunigen.

Am ersten Tag steht gleich ein Highlight auf dem Programm: ein Storchennest am Storchenweg, einem offiziellen Wanderweg, der vom Freundeskreis des Klinger Storchs ins Leben gerufen wurde. Er führt durch Otzberg Hering in die Nachbargemeinde Niederklingen. Der Storch kehrt jedes Jahr zurück, sodass das Spektakel immer wieder aufs Neue verfolgt werden kann: Nestausbesserungen, Brüten, Geburt und Aufzucht der Jungen.

Wer will, ist eingeladen, den gesamten Wanderweg mit ca. zehn Kilometern Länge zu laufen. Alle anderen können auch direkt von der Unterkunft das Storchennest anpeilen und es sich dort auf der Storchenbank mit Blick auf das emsige Storchenpaar gemütlich machen. Die Jungen sind zwar auch mit bloßem Auge

---

Hin & weg: Am besten mit dem Auto.

Beste Zeit: Zwischen März und Oktober, wenn die Störche da sind, oder im Juni, wenn die Jungen geschlüpft sind.

Dauer & Strecke: 2 Tage; jeweils 3 Std. reine Gehzeit für die Wanderungen, je ca. 9 km.

Ausrüstung: Wer die Störche aus der Ferne beobachten will, sollte ein Fernglas mitbringen. Für gute Fotos bietet sich ein Teleobjektiv mit mindestens 200 mm an.

Wenn es Nacht wird: In Otzberg Hering gibt es eine Unterkunft: die Pension Erika (www.pension-erika-otzberg.de). Sie ist rustikal und liegt ideal, um sich gleich ins Abenteuer zu stürzen.

Bei einem Besuch der Veste Otzberg den Picknickkorb nicht vergessen: Gerade bei schönem Wetter kann man so die mittelalterliche Burg ausgiebig genießen und nach der Wanderung entspannen.

erkennbar, aber wer ein Fernglas oder Teleobjektiv dabeihat, ist klar im Vorteil!

Am zweiten Tag stehen eine kleine Wanderung und die Erkundung der Veste auf dem Programm. Von der Unterkunft führt der Weg zu einer Kapelle im Wald. Im Sommer finden hier noch Gottesdienste statt. Weiter geht's Richtung Landstraße, die es zu überqueren gilt. Es folgt eine längere Wegstrecke durch den Wald. Der Weg zurück nach Otzberg Hering biegt vom breiten Wanderweg ab auf einen gerade so erkennbaren Pfad durchs Unterholz. Dann wird der Ort erreicht und die stattliche Burg ist bald in Sicht.

Die Burganlage aus dem 12. Jahrhundert war einst eine imposante Erinnerung des Klosters Fulda daran, wer in der Region das Sagen hat. Heute ist sie vor allem schön anzuschauen – von unten wie von oben. Der Weg führt auf die Veste hinauf, wo Picknicktische und Bänke bei schönem Wetter zum Verweilen einladen. Eine Aussichtsplattform eröffnet den Weitblick über die Hessische Rheinebene bis nach Frankfurt und sogar zum Taunus.

FAZIT: HANDY AUS UND DIE WUNDER DER NATUR GENIEßEN – IN DIESER UMGEBUNG GELINGT DAS WUNDERBAR.

IM MILLIONEN-STERNE-HOTEL

… am Marbach-Stausee

Wandern, Baden und unter dem Himmelszelt schlafen. Kann man der Natur näher sein? Der Marbach-Stausee selbst ist schon ein echtes Highlight. In Kombination mit der Wanderung rund um das Himbächel-Viadukt wird die Zeit hier unvergesslich.

#unterSternenschlafen #Seenliebe #Naturnahleben

→ MINIURLAUB …

Ob Baden, Bootsfahren oder den Sternenhimmel genießen … der Marbach-Stausee ist dafür der richtige Ort.

Die Wanderung beginnt zwar am Parkplatz des Marbach-Stausees, doch führt sie zunächst von ihm weg. Nämlich in Richtung des Himbächel-Viadukts. Die monumentale Brücke, die 1880 bis 1881 gebaut wurde, liegt in etwa 1,5 Kilometern Entfernung. Dafür folgt man einfach dem Weg, der vom See wegführt, hält sich links und überquert die Erbacher Straße. Danach sind es nur noch wenige Hundert Meter, bis sich der imposante Bau mit den zehn Bögen vor den Augen erstreckt.

Der Wanderweg führt erst rechts am Viadukt vorbei. An der Straße entlang und bergauf gelangt man nach Hetzbach, wo die Odenwaldbahn hält. Immer links halten und dann unter

der Unterführung durch auf den Bullauer Weg, schon verlässt man wieder die Ortschaft.

Das Feld öffnet sich bald zu einem herrlichen Weitblick mit dem Himbächel-Viadukt in der Ferne. In einem großen Bogen verläuft die Wanderung zunächst auf einem Wanderweg, ins Feld und dann über den Himbachel. Unter der Brücke hindurch geht es zurück zur Straße und auf demselben Weg wieder zum See. Seine Umrundung dauert etwa eine Stunde und vor allem während des Sonnenuntergangs bieten sich hier tolle Fotogelegenheiten.

Zurück am Ausgangspunkt der Wanderung kann der Schlafsack aus dem Auto geholt werden. Nun heißt es: ein Plätzchen auf der Picknickwiese finden und es sich bequem machen. Mit nichts als dem Himmelszelt über sich, lassen sich die letzten Stunden des Tages nutzen, um Sternschnuppen zu erhaschen. Sobald die Milchstraße am Firmament erscheint, ist es

---

Hin & weg: Vorzugsweise mit dem Auto. Alternativ mit der Odenwaldbahn nach Hetzbach und zu Fuß zum Marbach-Stausee.

Beste Zeit: Im späten Frühling oder Sommer. Am besten nicht während Vollmond, um die Milchstraße sehen zu können, deshalb vorher checken, wann dafür die beste Nacht ist.

Dauer & Strecke: 2 Tage; 2 Std. für die 8-km-Wanderung, Badespaß nach Lust und Laune.

Ausrüstung: Wanderschuhe für die Wanderung und einen Schlafsack plus Luftmatratze oder Isomatte zum Biwakieren. Fotoapparat mit lichtstarkem Objektiv und Stativ für Milchstraßenfotos.

Wenn es Nacht wird: Schlafsack ausrollen und unter dem Firmament schlummern.

Zum Himbächel-Viadukt (oben rechts) ist es vom Marbach-Stausee nicht weit. Die Brücke ist über 200 Jahre alt und ein tolles Fotomotiv.

Zeit, Kamera und Stativ zu zücken. Blende auf und 20 bis 30 Sekunden belichten. Wer danach vor Aufregung über die gelungenen Fotos nicht einschlafen kann, sollte es mit Sternezählen probieren. Das ist mindestens genauso effektiv wie Schäfchenzählen.

Am nächsten Morgen stehen ein gemütliches Frühstück mit Seeblick und Genießen auf dem Plan. Der Stausee selbst ist zwar ein Naturschutzgebiet, aber Wasseraktivitäten sind in einigen Bereichen dennoch erlaubt. Auch Schwimmen ist natürlich möglich, sodass der Fantasie für den Rest des Tages fast keine Grenzen gesetzt sind.

FAZIT: WER BRAUCHT SCHON VIER STERNE, WENN MAN GLEICH EINE GANZE MILLION HABEN KANN? TOLLE WANDERUNG MIT ÜBERNACHTUNG UNTER DEM WEITEN HIMMELSZELT.

AB INS MITTEL-ALTER

... auf der Burg Rieneck

#44

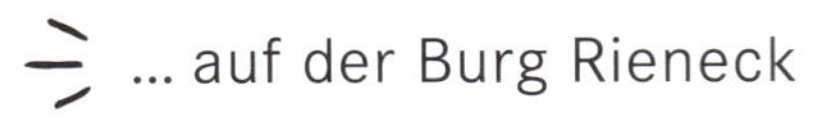

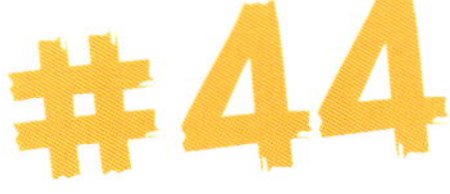

Beeindruckend thront die Burg Rieneck auf dem Hügel über der 1200 Jahre alten Stadt. Es sieht mehr wie eine Filmkulisse aus. Aber es ist tatsächlich so: Hier kann man nächtigen und sich einmal wie Ritter und Burgfräulein fühlen.

#aufZeitreise #vonRitternundBurgfräulein #einmalwieeinRitterfühlen

Um 1150 entstanden, beeindruckt die Burg Rieneck ihre Besucher bis heute.

Umgeben von dicken Mauern und Zinnen liegt die mittelalterliche Burg Rieneck oberhalb der gleichnamigen Stadt. Ja, auch wenn es mehr wie ein Dorf anmutet, hat Rieneck bereits um 1280 Stadtrechte verliehen bekommen, die bis heute Gültigkeit haben. Das denkmalgeschützte Gebäude selbst ist ein Highlight, aber das Gefühl, in der Zeit zurückgereist zu sein, stellt sich vor allem durch die Lage ein: In der waldreichen Region des Spessart scheint die Zeit stehen geblieben zu sein. Zumindest, wenn man die Autos und die Bewohner mit Jeans und T-Shirt ausblendet.

Nachdem das Zimmer bezogen wurde, bietet sich eine erste Erkundung der Burg an. Ihr Herzstück ist der sogenannte Dicke Turm, der aus dem 12. Jahrhundert stammt. Der Panoramablick über den Wald bis in die Rhön erstreckt sich von hier ins Tal. Wo früher Schwertkampf trainiert wurde, kann heute die Picknickdecke ausgerollt werden: auf der Ritterwiese.

Sobald sich die Sonne dem Horizont nähert, wird es Zeit, die Wanderschuhe zu schnüren und loszulaufen. Bergab geht es in die Alt-

stadt und dann nach rechts. Der Weg mit der Markierung R4 führt aus der Stadt heraus und in den Wald hinein. Beim Blick über die Schulter erkennt man die Burg, wie sie erhaben über den Dächern ruht.

Der Wald liegt ruhig da, und der Weg verläuft bald abseits der befestigten Straße über wenig ausgetretene Pfade – echte Waldwege! Es ist ratsam, früh genug loszulaufen, um wenigstens hier noch Tageslicht zu haben.

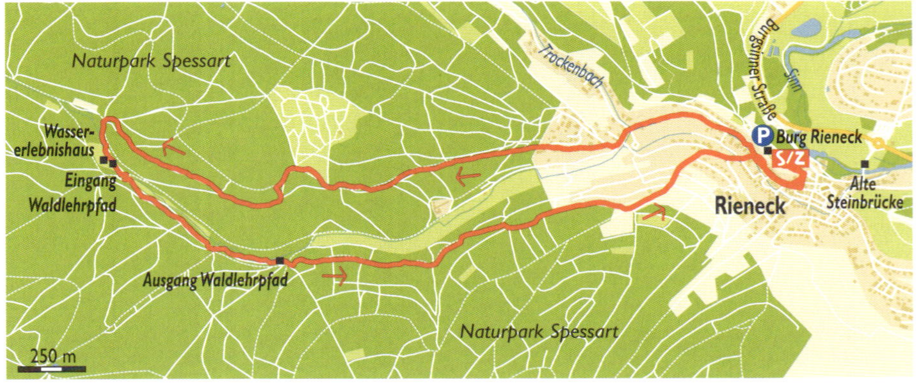

Im Turm der Burg Rieneck (links) befindet sich eine Kapelle. Sie ist die einzige Turmkapelle auf dem europäischen Festland.

Das Licht der untergehenden Sonne ist warm und wohltuend. Vorbei an einem Tipi und der Gespringsquelle, der Wasserversorgung Rienecks, sowie einem Wassererlebnishaus wird ein Waldlehrpfad mit allerlei Informationen über den Wald, die Bäume und seine Bewohner erreicht. Dieser führt entlang des Fließenbachs, der ein idyllisches Setting schafft. Je später die Wanderung begonnen wurde, desto dunkler ist es nun aber auch, und das Fließenbachtal mit seinem dichten Mischwald lässt nur wenige Sonnenstrahlen durch. Eine Taschenlampe in petto zu haben ist also sinnvoll. Am Ende des Lehrpfades führt dieser wieder auf einen Forstweg, über den man zum Ortseingang gelangt. Schon bald ist die Burg wieder in Sicht. Die Wanderung kann man an einem Lagerfeuer an der Burg Revue passieren lassen und sich dabei nochmal der Natur ganz nah fühlen.

Hin & weg: Mit dem Auto. Die Burg hat mehrere Parkplätze für die Gäste.

Beste Zeit: Im späten Frühling, Sommer oder frühen Herbst, wenn es warm ist und man draußen am Lagerfeuer sitzen kann.

Dauer & Strecke: 2 Tage; 2 Std. für die 8-km-Wanderung, die Erkundungstour in der Burg und der Altstadt nach Lust und Laune.

Ausrüstung: Lange Hosen, Wanderschuhe und eventuell eine Taschenlampe, falls die Wanderung länger dauert als geplant.

Wenn es Nacht wird: Auf der Burg Rieneck (www.burg-rieneck.de) gibt es Schlafsäle und Zeltplätze. Da es eine Bildungs- und Erziehungseinrichtung ist, sind die Räume wie in einer Jugendherberge eingerichtet.

Der nächste Tag beginnt mit einem ausgiebigen Frühstück vom Buffet in der Burg. Bis es Zeit ist, die Burg zu verlassen, kann noch in aller Ruhe die kleine Stadt erkundet werden. Die hübschen Fachwerkhäuser mit der klassizistischen Pfarrkirche St. Johannes der Täufer in ihrer Mitte laden nämlich zum Schlendern ein. Auch lohnt sich ein Abstecher runter zur Alten Brücke, von der aus man einen wunderbaren Blick auf die mittelalterliche Anlage hat. So endet der Mini-Urlaub auf der Burg Rieneck.

FAZIT: WER AUF ZEITREISE UND IN ABGESCHIEDENHEIT WALDBADEN GEHEN MÖCHTE, IST AUF DER BURG RIENECK GENAU RICHTIG.

FANATIC

KÖRPER & GEIST IM EINKLANG

… am Kahler See

#45

Mit dem Paddel tief ins Wasser stoßen, mit einem kräftigen Ziehen geht es vorwärts. Auf einem SUP ist man dem kühlen Nass ganz nah und bewegt sich elegant auf ihm fort. Die Königsdisziplin ist Yoga auf dem Board, wobei es ein Leichtes ist, alles um sich herum zu vergessen.

#SUPerKurzurlaub #einfachmalabschalten #Seenliebe

Einfach im Sand oder auf einem der Boards faulenzen und die Sonne und das Wasser genießen. So geht wohlfühlen am Kahler See!

Wind in den Haaren, Freiheit unter den Füßen. Wer einmal auf einem SUP stand, den zieht es immer wieder auf so ein Board. Anders als beim Surfen braucht es beim SUPen weder Wind noch Wellen. Stattdessen ist Muskelkraft gefragt. Oder treiben lassen und einfach mal chillen, Sonne genießen, die Füße im Wasser baumeln lassen.

Bei einem SUP-Kurs auf dem Kahler See lernt man alles Nötige, um sich schnell auf dem Brett wohlzufühlen. Angefangen bei den Basics, der Technik und den Sicherheitsmaßnahmen – safety first! – lernt man alles rund ums Brett, wobei der Spaß immer im Vordergrund steht. Und so haben bei der ersten Paddeltour auf die andere Seite des Sees alle Teilnehmer ein fettes Grinsen im Gesicht. Gut fühlt es sich an, wenn man Fahrt aufnimmt und der Wind durch die Haare weht!

Auch SUP-Yoga wird hier angeboten. So erlebt man die idyllische Seite des Sees nochmal ganz anders. Der Fokus wird nach innen verlagert und es entsteht fast das Gefühl, eins mit dem See zu sein, wenn man im Gleichklang mit den seichten Wogen atmet und seine (innere?) Balance sucht. Mit Leichtigkeit und Eleganz recken sich die Beine in die Luft, um eine Kerze zu vollführen. Oder, wer es kann, gar einen Kopfstand. Aber auch der ein oder andere Plumpser ins Wasser tut dem Spaß keinen Abbruch.

Nach einem solchen Tag schmeckt die Pizza vom Restaurant Seeterrasse gleich doppelt so gut, und der Sonnenuntergang erscheint noch einmal so schön. Bei einem letzten Spaziergang entlang des Ufers, während die Sonne langsam hinter dem Horizont verschwindet, entsteht das Gefühl von echtem Urlaub. Und das so nah an der Heimat.

Hin & weg: Mit dem Auto.

Beste Zeit: Wenn das Thermometer die 25-Grad-Marke knackt.

Dauer: Nach Lust und Laune, mindestens eine Übernachtung.

Ausrüstung: Badesachen, Zelt, Schlafsack und Isomatte. Die Boards können vor Ort beim SUP Camp Kahler See geliehen werden bzw. sind im Kurs inklusive. Buchungen des SUP-Einführungs- oder Yoga-Kurses unter www.sup-camp-kahl.de

Wenn es Nacht wird: Im Zelt oder Camper auf dem Campingplatz (www.campingplatz-kahl.de), alternativ in einem der Mobilheime (www.mobilheime-kahl.de).

Was gibt es Schöneres, als den Sonnenuntergang nach einem Tag im Wasser und auf dem SUP zu erleben? Höchstens den Sonnenaufgang am folgenden Tag, wenn noch alles ruhig daliegt.

Am folgenden Tag bietet sich die Chance, die erworbenen Kenntnisse nochmal umzusetzen. Der SUP-Verleih steht bereit, sodass es gleich nach dem Frühstück losgehen kann. Im eigenen Tempo können der See erkundet oder einige der Yoga-Übungen durchgegangen werden.

Die Zeit bis zum Checkout vergeht wie im Fluge, und so endet ein ereignisreicher Mini-Urlaub, der zwar kurz, aber dafür umso intensiver war. Das Gefühl von Freiheit noch spürend, wird das Zelt verstaut und es ist Zeit, sich von den Camping-Nachbarn zu verabschieden. Aber es ist kein »Leb wohl«, sondern ein »Bis bald«!

FAZIT: SO SCHÖN, DASS ES SCHWERFÄLLT, DAS ZELT WIEDER ABZUBAUEN. SOLCH EIN WOCHENENDE KÖNNTE EWIG ANDAUERN.

IM NIBELUNGEN-LAND

… von Reichelsheim nach Lindenfels & zurück

Herrlicher Weitblick mit einer Mischung aus mittelalterlichen Burgruinen und Naturdenkmälern im Land der Nibelungen erwarten den Wanderer zwischen Reichelsheim und Lindenfels. Eine anspruchsvolle Wanderung, die auf zwei Tage geteilt noch Raum für Entdeckungen lässt.

#aufdenSpurenderNibelungen #RodensteinerGeist #SagendesOdenwalds

Die Wanderung führt mitten durch die Wälder, in denen die Protagonisten der Nibelungensage gelebt haben sollen.

Das ehemalige Rathaus von Reichelsheim, der Startpunkt der Wanderung, ist ein Fachwerkhaus, das das Regionalmuseum beherbergt. Von hier geht es zur Michaelskirche, die ursprünglich aus dem 14. Jahrhundert stammt, aber im 18. Jahrhundert neu errichtet wurde. Über den Krautweg führt die Wanderung nun aus Reichelsheim hinaus bis auf den Heidenberg und dann um den Klöß- und den Schmelzbuckel herum. Die Irrbachquelle lädt zu einer ersten Rast ein. Das Trinkwasser, das aus ihr sprudelt, ist kühl und erfrischend.

Während der Weg kurz darauf eine Weile am Waldrand entlangführt, bietet sich das Panorama für einen Fotostopp an. Dies ist also das Land der Nibelungen gewesen, von Kriemhild und Siegfried, die im mittelalterlichen Nibelungenepos besungen wurden. Durch den Wald wandert man bis zum Gumpener Kreuz, einem Bergsattel auf 273 Metern Höhe. Von hier ist es nur noch ein Katzensprung bis nach Lindenfels, wo die Unterkunft bezogen werden kann. Danach wartet ein Eis zur Belohnung für Tag eins der Wanderung. Die Eisdiele Venezia ist bekannt für ihr leckeres Gelato.

Ein Abstecher auf die Burgruine Lindenfels ist ein Muss. Sie wurde bereits im 11. Jahrhundert das erste Mal urkundlich erwähnt. Tagsüber bietet sich von ihren Mauern ein wundervoller Blick ins Tal. Bei Nacht kann sie vor der

Eis mit Burgenblick (links) ... in der Eisdiele Venezia in Lindenfels kein Problem. Die Ruine Rodenstein (Mitte) taucht plötzlich mitten im Wald vor einem auf.

Milchstraße ins rechte Licht gerückt und so auf einmalige Weise fotografiert werden.

Am folgenden Tag geht es weiter auf der Nibelungentour und bereits nach einem kurzen Marsch folgt das nächste Highlight: die Bismarckwarte, die Anfang des 19. Jahrhunderts auf der Litzelröder Höhe auf 452 Metern als Aussichtsturm erbaut wurde. Wer nicht die Treppen hochsteigt und für einen kurzen Moment das Panorama genießt, ist selbst schuld.

Über Winterkasten und Laudenau verläuft der Weg hauptsächlich durch offene Landschaft über Felder und am Waldrand entlang. Nach der »Freiheit«, einem ehemaligen Gasthaus, ist es nicht mehr weit bis zur Ruine Rodenstein. Mit der Burg ist die Sage des Rodensteiner Geists verbunden, der verflucht sein soll, bei Kriegsausbruch aus dem Grabe zu steigen und die Menschen zu warnen. Auch in die Literatur hat die Burg Eingang gefunden: Victor von Scheffel und Werner Bergengruen haben

---

Hin & weg: Mit der Buslinie 30 von Michelstadt nach Reichelsheim. Für die Anreise mit dem Auto zum Parkplatz Am Rathaus in der Bismarckstraße fahren.

Beste Zeit: Ganzjährig. Am besten im Sommer, sodass auch der Pool in der Pension Karina genutzt werden kann. Wer Fotos von der Milchstraße über der Burg Lindenfels möchte, sollte vorher online checken, wann dafür der beste Tag ist.

Dauer & Strecke: Mindestens eine Übernachtung; 7 Std. reine Wanderzeit, 24,3 km.

Ausrüstung: Wanderschuhe, Geld zum Einkehren.

Wenn es Nacht wird: Die Pension Karina (www.pension-karina.de) liegt unweit der Burg in Lindenfels mit Blick auf die mittelalterliche Anlage.

sie in ihren Novellen und Gedichten verewigt. Direkt unterhalb der Burg wartet eine Einkehrmöglichkeit (www.hofgut-rodenstein.de), sodass man die Sagen bei einem Stück Obstkuchen Revue passieren lassen kann.

Von hier führt der Weg über Eberbach zurück nach Reichelsheim und damit zum Ausgangspunkt der Wanderung. Wer noch mehr entdecken will, kann einen Besuch im Schloss Reichenberg (www.schlossreichenberg.de) aus dem 13. Jahrhundert und dem Schlosscafé anhängen, das über Reichelsheim thront.

FAZIT: ABWECHSLUNGSREICHE WANDERUNG MIT BEDEUTENDEN SEHENSWÜRDIGKEITEN DER REGION.

EINE NACHT ZWISCHEN BÄUMEN

#47

In einer kuscheligen Holzhütte nach einer Wanderung die Füße hochlegen. Nachts die Sterne zwischen dem Blätterdach der Baumkronen beim Blick durchs Fenster über dem Bett durchblitzen sehen. Morgens vom Zwitschern der Vögel geweckt werden. Klingt romantisch? Ist es auch!

#SchlafenimBaumhaus #BarrierefreierErlebnispfad #Kindheitstraum

Wer hat als Kind nicht davon geträumt, ein Baumhaus im Garten zu haben und darin ganz unabhängig von den Eltern die Nächte zu verbringen? Im Baumhaushotel Wipfelglück in Mönchberg werden solche Wünsche wahr. In einem von sieben Baumhäusern kann man es sich inmitten der Natur gut gehen lassen. WLAN sucht man vergebens. Stattdessen heißt es: Abschalten und genießen.

Der Check-in erfolgt völlig selbstständig durch einen Schlüsselkasten mit Code ne-

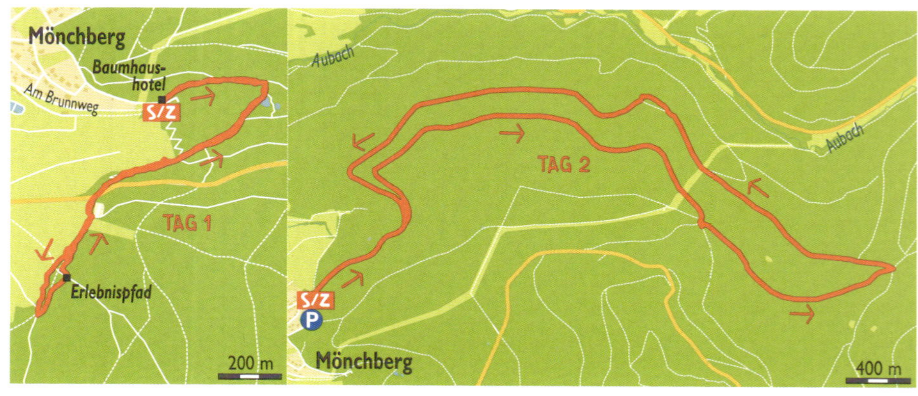

Wer seinem Kreislauf etwas Gutes tun möchte, kann im Kneippbecken direkt hinter den Baumhäusern Wasser treten.

ben der Eingangstür und das Essen – sofern bestellt – wird in einem Korb auf dem Balkon abgestellt. So kann man nach einer ersten Besichtigung der Umgebung nach Belieben den Tischgrill aufbauen und schlemmen. Für den ersten Abend empfiehlt sich ein Spaziergang im Sonnenuntergang. Ein barrierefreier Erlebnispfad liegt in etwas mehr als einem Kilometer Entfernung und lädt zum Balancieren ein. Nebenbei eröffnet sich ein wundervolles Panorama über den Luftkurort Mönchberg.

Wenn es Nacht wird, erwachen viele Tiere des Waldes und es raschelt nah und fern. Unheimlich und wunderschön zugleich! Sobald das Licht ausgeht, sieht man die Sterne vom Bett aus. Zum Glück gibt es direkt darüber ein Fenster. Das ist das perfekte Setting, um kuschelnd in tiefen, erholsamen Schlaf zu fallen.

Am Morgen wird man von den Vögelchen geweckt und gegen acht wartet der Frühstückskorb an der Treppe. So könnte jeder Tag beginnen! Gestärkt geht es auf eine Erkundung des Spessarts: Der Sparkassen-Trail hat zwar keinen sexy Namen, beginnt aber in nur 500 Metern Entfernung und ist ideal für alle, die den größten zusammenhängenden Mischwald Deutschlands besser kennenlernen wollen. Er ist nicht nur ein zwölf Kilometer langer Wanderweg, sondern auch eine Nordic-Walking-Strecke und überschneidet sich teilweise mit einem Parcours für Sportler. Da ist für jeden Outdoor-Fan etwas dabei. Wer aber einfach auf dem Balkon ein Buch lesen und die Natur genießen möchte, dem sei dies gegönnt!

Hin & weg: Mit dem Auto nach Mönchberg und dem Schild zum Baumhaushotel folgen. Das Wipfelglück hat einen Parkplatz pro Baumhaus.

Beste Zeit: Ganzjährig.

Dauer & Strecke: Mindestens ein Wochenende; 3 Std. für die 12-km-Wanderung auf dem Sparkassen-Trail, die Erkundungstour auf dem barrierefreien Erlebnispfad nach Lust und Laune.

Ausrüstung: Ein gutes Buch, Wanderschuhe und eventuell eine Taschenlampe, falls man beim Erkunden der Umgebung die Zeit vergisst.

Wenn es Nacht wird: Das Wipfelglück (www.wipfelglueck.de) hat sieben Baumhäuser und das Hexenhaus.

FAZIT: HIER WERDEN KINDHEITSTRÄUME WAHR! WER EINE NACHT IN EINEM BAUMHAUS VERBRACHT HAT, KANN DIE NÄCHSTE KAUM ERWARTEN.

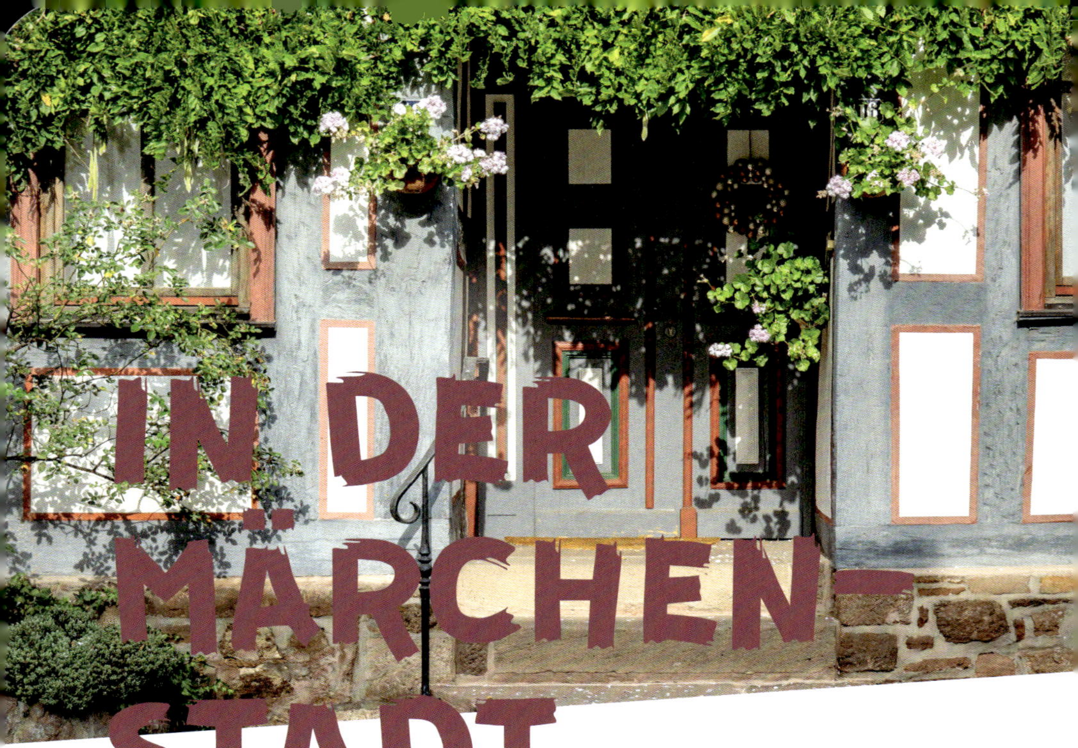

IN DER MÄRCHEN-STADT

... in Steinau an der Straße

#48

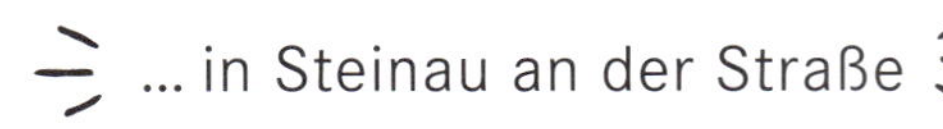

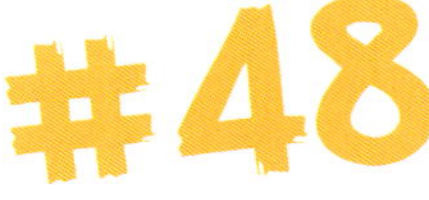

Wo die Prinzessin mit dem Froschkönig am Brunnen sitzt und die Grimm'schen Märchen an Hausfassaden erkennbar sind, da ist der Name Programm ... Die Brüder-Grimm-Stadt Steinau an der Straße liegt an der Märchenstraße und haucht den Charakteren der Erzählungen Leben ein.

Statuen, die an die Grimmschen Märchen erinnern, fügen sich in Steinau in das Altstadtbild ein.

Märchenfreunde, aufgepasst! In Steinau an der Straße, wo zwischen 1791 und 1798 die Geschichtensammler Jacob und Wilhelm Grimm beheimatet waren, erwachen Märchen zum Leben. Kulturangebote und Sehenswürdigkeiten rund um die Stadt sollen die Besucher in der Zeit zurückreisen lassen. In der Stadt, die nicht nur an der Deutschen Märchen-, sondern auch an der Fachwerkstraße liegt, gelingt das spielend. Zwar gibt es auch ein Museum, das Brüder-Grimm-Haus und ein Schloss, aber das Highlight ist die Altstadt selbst, die ein wahres Freilichtmuseum ist.

Wer einen Besuch in Steinau an der Straße mit ein wenig Outdoor-Spaß verbinden möchte, hat die Qual der Wahl: Zahlreiche Wanderwege umgeben die Märchenstadt, die im hessischen Spessart liegt. Einer davon führt im großen Bogen um die Stadt herum und zur Kinzigtalsperre.

Los geht's direkt in der Altstadt, vorbei an Fachwerkhäusern, Brunnen und Fassaden, die mit Motiven aus den Grimm'schen Märchen geschmückt sind. Von der Brüder-Grimm-Straße führt der Weg in die Straße Brückentor

Ob Natur oder Kultur: In Steinau an der Straße gibt es viel zu erkunden. Wer seinen Aufenthalt verlängern will, kann zum Beispiel die Wälder südlich der Stadt bewandern.

und von dort nach rechts in die Ohlstraße. Dieser folgend, wird die Autobahn unterquert und der Wald erreicht. Nachdem der Steinaubach zur Rechten auftaucht, ist es Zeit, den befestigten Weg zu verlassen und nach links abzubiegen. Hinein in den Wald erscheint bald eine Brücke, die den Bach überquert. Kurz darauf geht es aus dem Wald heraus und entlang der L3179, bis Infotafeln und der Eingang zur Tropfsteinhöhle in Sicht sind. Wer will, kann einen Besuch mit einplanen, sollte sich aber vorher telefonisch zu den Details erkundigen (weitere Infos auf www.gvv-steinau.de unter der Rubrik Tourismus).

Nach rechts verläuft die Tour nun den Berg zur Teufelshöhle hinauf. Zur Linken bietet sich kurz vor dem Erreichen der Anhöhe ein Blick auf einen Wasserfall, der jedoch in regenarmen Zeiten ausgetrocknet ist. An der Teufelshöhle angekommen, führt links eine Treppe weiter aufwärts. An ihrem Ende lichtet sich der Wald für einen kurzen Abschnitt. Kurz darauf sind wieder die ersten Dächer in Sicht. Nach einem letzten Stück durch den Wald mündet der Weg in ein Industriegebiet und führt zum Bahnhof von Steinau an der Straße. Durchs Feld und unter den Bahnschienen hindurch geht es in Richtung Kinzigtalsperre. Im Sommer können hier Kanus gemietet werden. An der Kinzig entlang und diese über eine Brücke überquerend, beginnt nun der Endspurt. Von der Leipziger Straße biegt der Weg in die Bahnhofstraße ab und von dort in die Brüder-Grimm-Straße, die einen zurück an den Startpunkt bringt. Der zweite Tag kann dann zum gemütlichen Erkunden der Altstadt genutzt werden.

FAZIT: MÄRCHENHAFT UND EINFACH SCHÖN! STEINAU AN DER STRAßE HAT ALS STADT VIEL ZU BIETEN UND DER WANDERWEG RUNDET DEN MINI-URLAUB AB.

Hin & weg: Mit der Bahn nach Steinau an der Straße oder auf einem Parkplatz in oder am Rande der Altstadt parken.

Beste Zeit: Ganzjährig.

Dauer & Strecke: 2 Tage; 4 Std. reine Wanderzeit, 14 km. Die Erkundung der Altstadt am zweiten Tag nach Lust und Laune.

Ausrüstung: Wanderschuhe.

Wenn es Nacht wird: Das Burgmannenhaus (www.burgmannenhaus-steinau.de) liegt in der Brüder-Grimm-Straße und damit nicht nur perfekt für Erkundungstouren durch die Altstadt, sondern auch am Wanderweg.

SUNSET VIEWS

#49

Heppenheim ist das Paradebeispiel einer Stadt an der Bergstraße. Mit der romantischen Altstadt aus Fachwerkhäusern, den sonnenbeschienenen Hängen der Weinberge und der Starkenburg, die über allem thront, ist Heppenheim ein Magnet für Besucher von nah und fern.

#Sonnenuntergang #Burgenfreude #Fachwerk

Dreh- und Angelpunkt der Altstadt ist der historische Marktplatz. Nach dem Stadtbrand im Jahre 1693 mussten die ihn umgebenden, mehrgeschossigen Fachwerkhäuser neu aufgebaut werden.

Aus der Altstadt heraus, die Siegfriedstraße überquerend, geht es aufwärts Richtung Starkenburg. Die Kirche St. Peter gelangt plötzlich ins Sichtfeld und überragt die Altstadt - ein Bild, an dem man sich kaum sattsehen kann und das mit jedem Schritt schöner wird. Über Feldwege und durch die Weinberge geht es hoch auf 295 Meter bis zur Starkenburg, stets begleitet von dem Panoramablick auf Heppenheim. Die Starkenburg wurde 1065 erbaut, um Schutz für das nahe gelegene Kloster Lorsch zu bieten. Anfänglich war sie wie ein römisches Kastell aus Holz und Schutzwällen gebaut. Im 13. Jahrhundert wurde dann die spätmittelalterliche Kastellburg angelegt, die im 17. Jahrhundert nach französischem Vorbild weiter zu einer Festung ausgebaut wurde.

Nach einem kurzen Abstecher auf die Burg, in der eine Jugendherberge untergebracht ist, führt der Weg in den Wald hinein. Die Zivilisation scheint nun ganz fern zu sein und die Geräusche des Waldes sind klar zu vernehmen. Ein klopfender Specht in den Bäumen hier, ein Rascheln im Unterholz dort. Wer etwa drei Stunden vor Sonnenuntergang die Wanderung startet, hat bei den nun folgenden Weinbergen die Möglichkeit auf tolle Fotos. Kurz darauf werden wieder Häuser erreicht. Man passiert Unter-Hambach und gelangt noch einmal in die Natur. Ein Pfad führt bergauf aus dem Ort heraus und in Richtung Starkenburg. Diese im großen Bogen umrundend, folgt man zunächst der Straße, die Autofahrer hinauf zur Burg bringt, bis am Gräftempel links eine Abzweigung zum Panoramaweg erscheint. Ein weiteres Mal erstreckt sich die Rhein-Main-Ebene im Tal.

Hin & weg: Mit der Bahn nach Heppenheim oder auf einem Parkplatz in oder am Rande der Altstadt parken.

Beste Zeit: Ganzjährig.

Dauer & Strecke: Mindestens eine Übernachtung; 3 Std. reine Wanderzeit für ca. 9 km. Die Erkundung der Altstadt nach Lust und Laune.

Ausrüstung: Wanderschuhe.

Wenn es Nacht wird: Das Hotel Michel (www.achat-hotels.com/hotels/heppenheim) liegt direkt am Marktplatz und ist ein guter Ausgangspunkt für die Wanderung und die Erkundung der Stadt. Alternativ ist in der Starkenburg eine Jugendherberge untergebracht (www.jugendherberge.de/jugendherbergen/starkenburg-heppenheim).

Unscheinbare Pfade führen vom Rand der Altstadt hinauf zur Starkenburg. Auf dem Weg hat man einen herrlichen Blick auf Heppenheim und die Weinberge.

Auf dem Endspurt ist wieder die Kirche St. Peter im Mittelpunkt, die aus der Altstadt heraussticht. Obwohl sie wie ein Dom wirkt, ist sie eine normale Kirche, da sie nie Bischofssitz war. Das macht sie aber nicht weniger imposant. Der Rundgang endet auf dem Marktplatz von Heppenheim.

Der nächste Morgen ist für eine Tour durch die romantische Altstadt vorgesehen. Die Gassen mit den Fachwerkhäusern, die Kirche, das Römerpflaster, das 1955 bei Bauarbeiten freigelegt wurde, oder der Siegfriedbrunnen sind nur einige der Highlights, die Heppenheim zu bieten hat.

FAZIT: EINE MALERISCHE STADT FÜR EIN WOCHENENDE IN IDYLLISCHEM SETTING.

FAS(S)-ZINIEREND

Es ist gemütlich und trotzdem komfortabel im Campingfass. Hier fühlt sich jeder wohl, der mal eine etwas andere Nacht auf einem Campingplatz verbringen möchte. Für kalte Nächte gibt es eine Infrarotheizung und sonst heißt es: Auf die Plätze, fertig, kuscheln!

#schlafenimWeinfass #meinSpessart #unterwegsimSpessartMainland

Ankommen und wohlfühlen: Im Weinfass ist es schön kuschelig.

Etwa drei Kilometer von Wertheim entfernt gibt es einen Campingplatz mit einer ganz besonderen Übernachtungsmöglichkeit. Wer naturnah, aber ohne Zelt oder Camper übernachten möchte, kann hier in einem Weinfass schlafen! Was aussieht wie ein zu groß geratenes Fass für vorzüglichen Bordeaux, ist in Wahrheit eine kuschelige, kleine Wohneinheit, die alles bietet, was man so zum Campen benötigt. Es gibt ein großes Bett für zwei Personen, Stauraum für das Gepäck, einen ausziehbaren Tisch für das Abendessen im Fass und Sitzgelegenheiten. Außen wartet ein Picknicktisch für laue Abende am Main und eine Abstellmöglichkeit fürs Auto. So lässt es sich campen!

Nach der Ankunft ist eine kleine Wanderung nach Wertheim und um die Wertheimer Burg angesagt. Am Main entlang geht es in die romantische Fachwerkstadt, über den Marktplatz, am Engelsbrunnen links vorbei und vor dem Grafschaftsmuseum rechts hoch Rich-

---

Hin & weg: Am besten mit dem Auto nach Wertheim-Bestenheid und dann dem Schild zum AZUR Camping folgen. An den Weinfässern gibt es jeweils einen Parkplatz.

Beste Zeit: Ganzjährig.

Dauer & Strecke: Mindestens eine Übernachtung; 3 Std. reine Gehzeit für die 10-km-Wanderung und sonst einfach wohlfühlen im Fass.

Ausrüstung: Ein gutes Buch, Wanderschuhe und eventuell eine Taschenlampe, falls man abends länger unterwegs ist.

Wenn es Nacht wird: Auf dem AZUR Campingplatz (www.azur-camping.com) stehen sechs Weinfässer bereit.

Wer auf Erkundungstour gehen möchte, ist vom Weinfass schnell in Wertheim. Ob ein kleiner Stadtbummel oder eine Wanderung – der Fantasie sind hier keine Grenzen gesetzt.

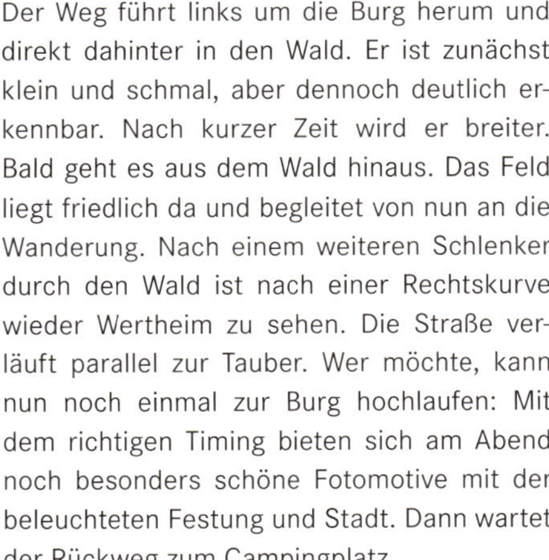

tung Burg. Bald öffnet sich der Blick auf die Dächer der Stadt und auf den dahinter fließenden Main.

Der Weg führt links um die Burg herum und direkt dahinter in den Wald. Er ist zunächst klein und schmal, aber dennoch deutlich erkennbar. Nach kurzer Zeit wird er breiter. Bald geht es aus dem Wald hinaus. Das Feld liegt friedlich da und begleitet von nun an die Wanderung. Nach einem weiteren Schlenker durch den Wald ist nach einer Rechtskurve wieder Wertheim zu sehen. Die Straße verläuft parallel zur Tauber. Wer möchte, kann nun noch einmal zur Burg hochlaufen: Mit dem richtigen Timing bieten sich am Abend noch besonders schöne Fotomotive mit der beleuchteten Festung und Stadt. Dann wartet der Rückweg zum Campingplatz.

Wer sich am nächsten Morgen vor Sonnenaufgang aus dem Bett schält, ist klar im Vorteil! Der frühe Vogel wird nämlich mit traumhaften Fotos belohnt und kann die Stille des Campingplatzes genießen.

FAZIT: EINE BESONDERE ÜBERNACHTUNGSMÖGLICHKEIT MIT TOLLEM AUSBLICK UND NATUR-GEFÜHL!

IMMER DEM WASSER FOLGEN

... von Wertheim nach Dettingen

Auf den Hügeln thronen mittelalterliche Burgen, die Hänge sind mit Weinreben bedeckt und dazwischen fließt ruhig der Main. Der MainRadweg bietet ein idyllisches Panorama und entspanntes Radelvergnügen auf ganzer Linie.

#Fahrradtour #meinSpessart #MainRadweg #amMainentlang

Aschaffenburg, Großwallstadt und Miltenberg sind nur drei der Fachwerkstädte, durch die diese Tour führt.

In der Fachwerkstadt Wertheim, wo die Tauber in den Main fließt, beginnt die Radtour. Eigentlich liegt der Start des MainRadweges in weiter Ferne: Die Quelle des Weißen Mains ist in Bischofsgrün und die des Roten Mains in Creußen. Bei Kulmbach fließen sie zusammen, und von dort sind es 498,5 Kilometer, bis der Main in den Rhein fließt und der MainRadweg endet.

Von Wertheim verläuft der Weg über die Alte Brücke nach Kreuzwertheim und dann am rechten Mainufer entlang. Die Mainpromenade führt an Streuobstwiesen, einer staufischen Ruine aus dem 12. Jahrhundert und den Hängen der Weininsel Dorfprozelten vorbei. Auch ein Shangri-La-Garten liegt auf dem Weg, der zum Herunterfahren und Abschalten einlädt. Dann ist Miltenberg, die Perle zwischen Odenwald und Spessart, erreicht, wo das älteste Gasthaus Deutschlands Zum Riesen (www.riesen-miltenberg.de) für eine Stärkung wartet.

Der Main macht hier eine Biegung und fließt nach Norden. Damit bildet der folgende Stre-

Wertheim (links) ist der Ausgangspunkt der Tour, auf der der Main (rechts) ständiger Begleiter ist.

ckenabschnitt die westliche Seite des Mainvierecks. Das Tal wird nun breiter und an den Steillagen wird Wein angebaut. Hoch oberhalb von Großheubach erscheint das Kloster Engelberg (www.engelberg.franziskaner.net) auf dem Hügel. Es ist ein Wallfahrtsort mit beliebter Klosterschänke. Wer sich für einen Umweg entscheidet, muss zwar 130 Höhenmeter mehr überwinden, wird dafür aber mit dunklem Klosterbier nach Rezept der Mönche und mit Zutaten aus klostereigenem Anbau belohnt.

Der erste Tag endet im Klingenberger Stadtteil Röllfeld. Das Hotel Katharinenhof wartet mit gemütlichen Betten für die Radler und Stellplätzen in der Garage für die Räder.

Am nächsten Tag führt der Weg zunächst nach Klingenberg am Main. Die mittelalterliche Stadt trumpft mit der Altstadt und der Clingenburg auf. Über die Brücke geht es wieder auf die linke Mainseite nach Wörth. Durch einen Campingplatz hindurch verläuft der Weg parallel zum Fränkischen Rotwein Wanderweg, der in den Hängen am anderen Ufer zwischen den Weinbergen zu erkennen ist. Am Schifffahrts- und Schiffbaumuseum in Wörth mit den imposanten Schiffen vorbei wandert man weiter Richtung Norden.

Das Seehotel an der Niedernberger Seenplatte (www.seehotel-niedernberg.de) lädt zu einem weiteren Stopp ein. Mit einer letzten Stärkung im Bauch geht es zum Endspurt: Durch Felder führt der Weg bis Aschaffenburg, wo man über eine Brücke mit Blick auf das Aschaffenburger Schloss wieder auf die rechte Mainseite wechselt. Ab hier verändert sich die Landschaft. Die Berge verschwinden und das gesamte Tal wird weiter. Vorbei geht es an der Kleingartenanlage Mörswiese und nach Mainaschaff. Nach einem großen See wird die A3 unterquert und Kleinostheim erreicht. Nun ist Dettingen nicht mehr weit, von wo regelmäßig Bahnen zurück nach Aschaffenburg fahren. Von dort fahren S-Bahnen nach Wertheim zurück und damit zum Ausgangspunkt der Radtour.

Hin & weg: Wertheim hat einen Bahnhof, sodass eine Anreise mit dem eigenen Rad in der Bahn möglich ist. Alternativ kann man an der Main-Tauber-Halle kostenlos parken. Wer nicht mit eigenem Fahrrad anreisen möchte, kann eines – nach Bedarf und Vorliebe auch mit Antrieb – beim Wertheimer Tourismusbüro anmieten.

Beste Zeit: Ganzjährig.

Dauer & Strecke: 2 Tage; insgesamt etwa 6 Std. reine Fahrtzeit für die 120 km. Aber die Strecke ist viel zu schön, um einfach durchzufahren.

Ausrüstung: Fahrradhelm & Kleidung, Geld zum Einkehren.

Wenn es Nacht wird: Das Hotel Katharinenhof (www.katharinenhof-klingenberg.de) bietet Bed&Bike, sodass das Fahrrad einen sicheren Stellplatz in der Garage hat.

FAZIT: EINE SCHÖNE TOUR FÜR DIE GANZE FAMILIE MIT TOLLEN FOTOSPOTS.

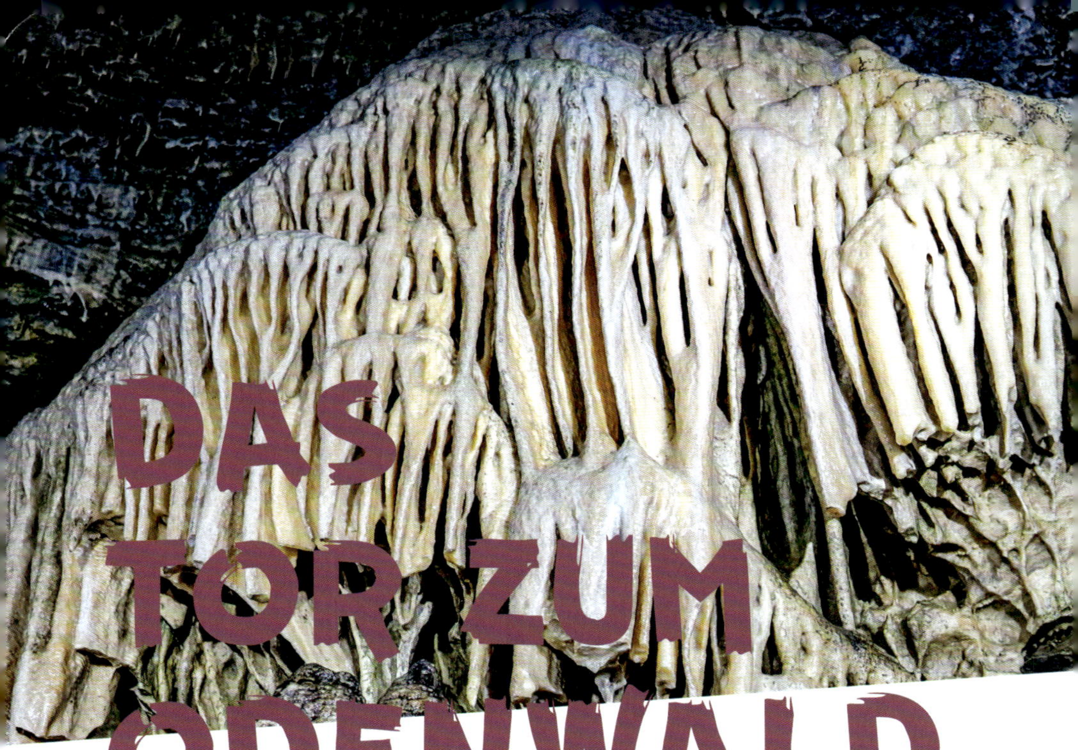

DAS TOR ZUM ODENWALD

... in Buchen

#52

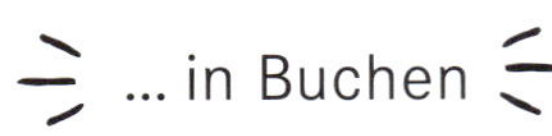

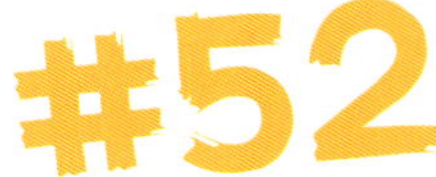

Sie ist etwa zwei Millionen Jahre alt und ein einzigartiges Naturdenkmal in Süddeutschland. Die Rede ist von der Tropfsteinhöhle im Buchener Stadtteil Eberstadt. Eine Führung lässt die Gedanken in jene Zeit reisen, in der das Wasser diese eigentümlichen Räume geformt hat.

#Tropfsteinhöhle #vonStalagmitenundStalaktiten #Rundwanderweg

→ MINIURLAUB …

Ein Ausflug in die Welt der Stalagmiten und Stalaktiten ist ein Muss auf dieser Tour.

Die Stadt gilt als südöstliches Tor zum Odenwald. Zwischen Main, Neckar und Tauber gelegen, bietet Buchen eine romantische Altstadt und landschaftliche Vielfalt. Am historischen Stadttor beginnt die Wanderung auf dem kleinen Höhlenrundweg, der so gut ausgeschildert ist, dass man fast keine App benötigt. Nach und nach führt der Weg aus dem Stadtgebiet heraus und auf ein Feld. Kaum sind die Gleise überquert, ist man endlich ganz in der Natur und die Stadt scheint weit entfernt. Ein kurzer Aufstieg auf einen Hügel folgt. Ein Blick über die Schulter zeigt ein herrliches Panorama über die Wiesen, Hügel und nach Buchen.

Der Weg ist sehr gut ausgebaut, meist flach und sogar kinderwagenfreundlich. So ist die Tropfsteinhöhle nach sieben Kilometern schnell erreicht. Am Parkplatz der Tropfsteinhöhlen beginnt ein geologischer Lehrpfad. Das moderne Besucherzentrum bietet einen multimedialen Einblick in die Eberstadter Höhlenwelten, die aus mehr als nur dieser Tropfsteinhöhle bestehen.

Die Führung in der Tropfsteinhöhle beginnt in einem kurzen Gang mit ausgestellten Kristallen aus aller Welt. Die Tür am Ende dieses Ganges ist der Eingang zur 600 Meter langen Höhle. Es eröffnet sich eine Welt aus Stalaktiten und Stalagmiten, die 1971 durch einen Zufall bei einer Sprengung in einem Steinbruch entdeckt wurde. Einige der Tropfsteine haben Namen erhalten und so erfährt man während der Führung die Legende um die Weiße Frau, läuft durch den Dom und passiert die Hochzeitstorte. Der Anfassstein erfreut sich besonders großer Beliebtheit – er ist der einzige Tropfstein, der berührt werden darf.

Nach der Führung kann man einfach weiter dem kleinen Höhlenrundweg bis nach Buchen folgen. Bevor die Stadt erreicht ist, wird noch der Wartturm passiert. Wer mit einem Kinderwagen unterwegs ist, sollte nach der Tropfsteinhöhle dem Weg nicht weiter folgen, sondern auf dem gleichen Weg zurück nach Buchen laufen.

Hin & weg: Entweder mit der Westfrankenbahn zum Beispiel von Miltenberg zum Bahnhof Buchen oder mit dem Auto. Sonntags kann man in der Altstadt kostenfrei parken.

Beste Zeit: Ganzjährig.

Dauer & Strecke: 2 Tage; 4 Std. reine Gehzeit für die 14 km, plus die Führung in der Tropfsteinhöhle (www.tropfsteinhoehle.eu).

Ausrüstung: Wanderschuhe sowie etwas Geld für den Eintritt und zum Einkehren.

Wenn es Nacht wird: Das Hotel und Restaurant Reichsadler (www.reichsadler.de) liegt direkt in der Altstadt und ist damit ideal, um auf Wanderungen und Stadterkundungen zu gehen.

An der Siegfriedstraße sowie an der Deutschen Limesstraße gelegen, bietet Buchen viele Freizeitangebote und Aktivitäten für (Kurz-)Urlauber.

Die Möglichkeiten für Unternehmungen am nächsten Morgen sind vielfältig. Neben einem Rundgang durch die malerische Altstadt bietet der Naturpark zahlreiche weitere lohnende Wander- und Radwege. Zudem gibt es in Buchen ein Wildgehege mit Vogelvolieren und einem Hasenlehrpfad, ein Kletterzentrum und viele weitere Outdoor-Angebote. Außerdem wartet eine »alla hopp!«-Anlage, die Kindern, Jugendlichen und auch Erwachsenen jeden Alters eine Menge Spaß und Bewegung verspricht.

FAZIT: EINE ANGENEHME WANDERTOUR, EINE HÖHLENFÜHRUNG UND EINE ROMANTISCHE FACHWERKSTADT – WAS WILL MAN MEHR VON EINEM MINI-URLAUB?

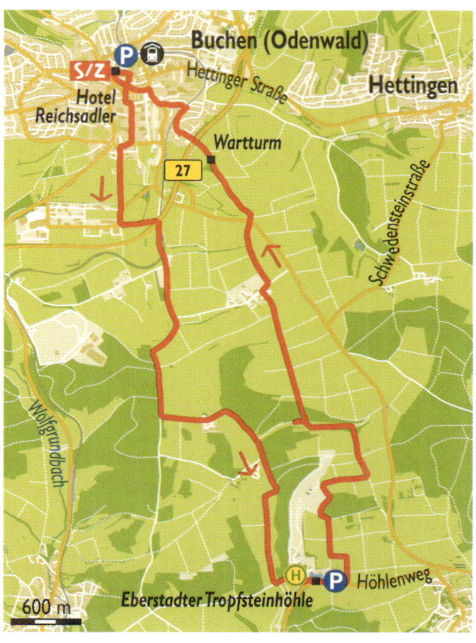

SONST NOCH WICHTIG

Ein- und Überblick

Karten für den schnellen Überblick, praktische Tipps, mehr über die Autorin sowie ein Ortsregister zum schnellen Nachschlagen gibt es auf den folgenden Seiten.

GPX-Download aufs Smartphone – so geht's

Voraussetzung:
Eine Outdoor-App muss installiert sein, z. B. KOMPASS, Outdooractive oder komoot. Zum Einlesen des QR-Codes benötigen ältere Android-Geräte eine QR-Code-App. Bei neueren Android- und iOS-Geräten ist diese Funktion in der Kamera integriert.

Daten downloaden:
1. Den QR-Code einlesen oder die Webadresse im Browser eingeben, um auf die Eskapaden-Website zu gelangen.
2. Die gewünschte Tour zum Download anklicken.
3. Bei IOS-Geräten werden die GPX-Daten direkt mit der vorab installierten App verknüpft. Bei Android-Geräten muss ggf. noch ein Weiterleiten-Button geklickt werden (z. B. oben rechts im Display). Manche Apps zeigen den Tourverlauf starr an, andere verfügen über eine Navigationsfunktion.

Tourenverlauf

GPX-Daten zum kostenlosen Download www.dumontreise.de/eskapaden/spessart-odenwald

short.travel/hx556

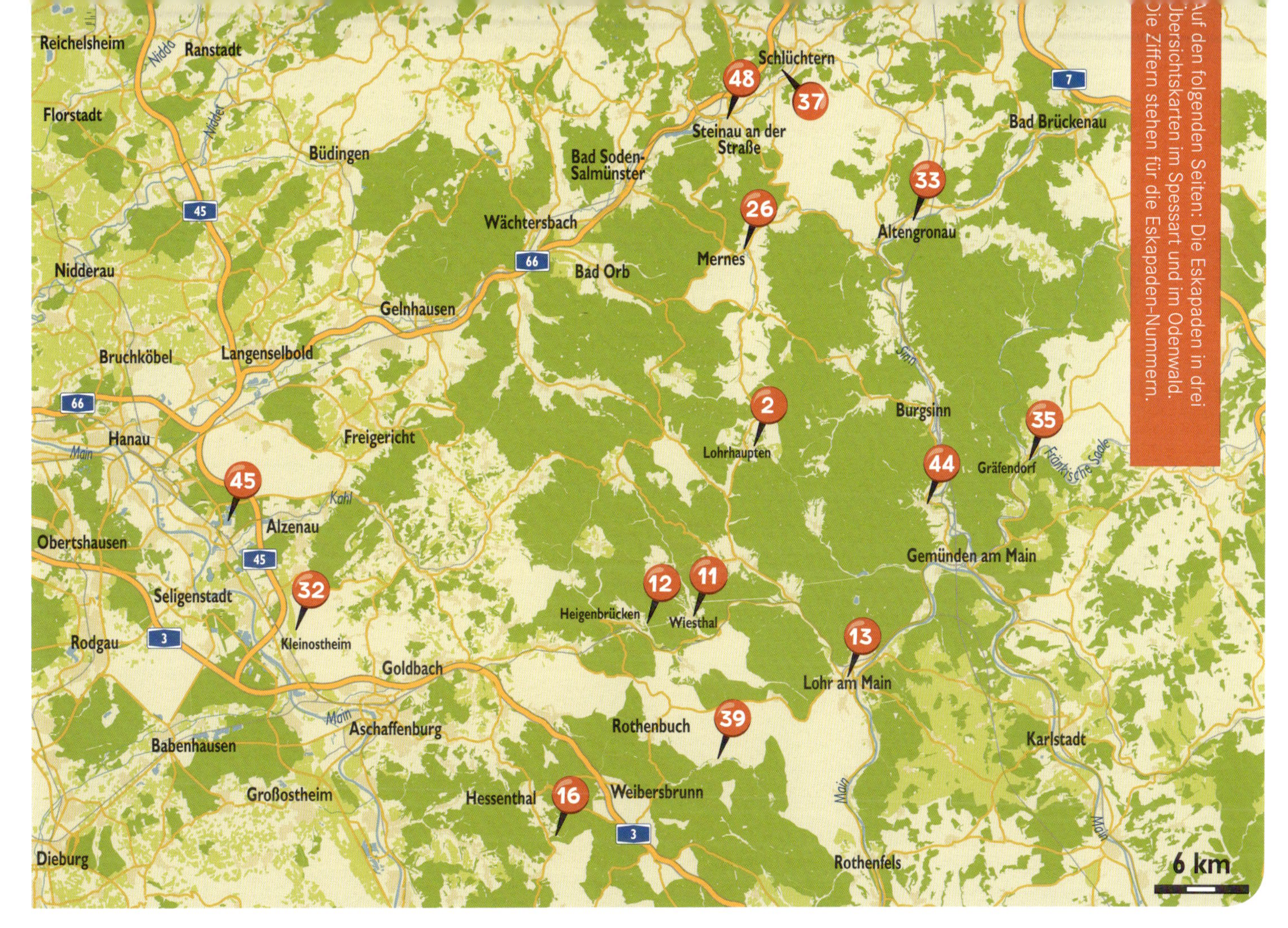

Auf den folgenden Seiten: Die Eskapaden in drei Übersichtskarten im Spessart und im Odenwald. Die Ziffern stehen für die Eskapaden-Nummern.

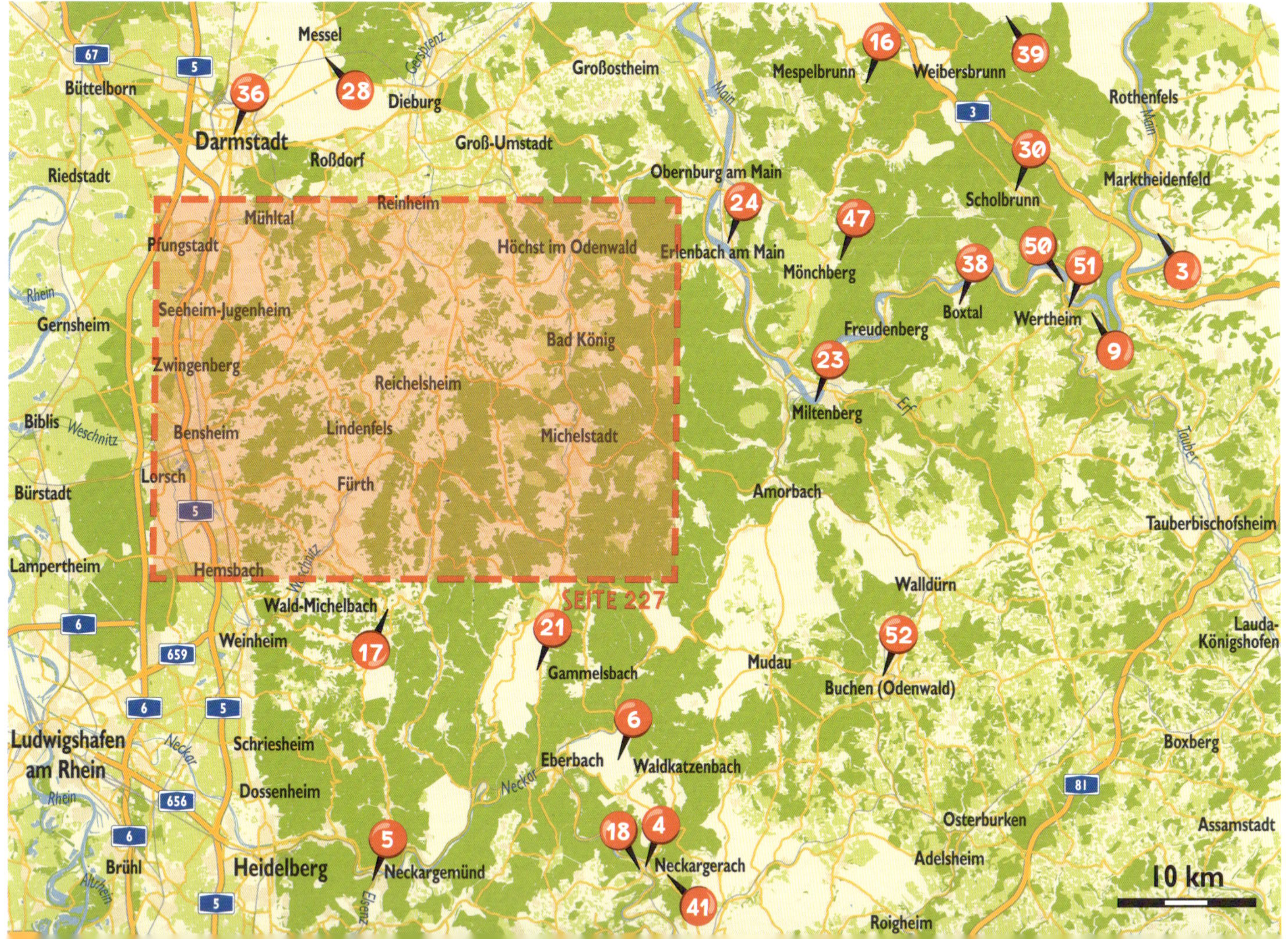

Messel
Großostheim
Mespelbrunn
Weibersbrunn
Rothenfels
Büttelborn
Darmstadt
Dieburg
Groß-Umstadt
Roßdorf
Riedstadt
Obernburg am Main
Marktheidenfeld
Scholbrunn
Reinheim
Mühltal
Pfungstadt
Höchst im Odenwald
Erlenbach am Main
Mönchberg
Boxtal
Wertheim
Seeheim-Jugenheim
Gernsheim
Freudenberg
Bad König
Zwingenberg
Reichelsheim
Miltenberg
Biblis
Bensheim
Lindenfels
Michelstadt
Lorsch
Fürth
Bürstadt
Amorbach
Tauberbischofsheim
Lampertheim
Hemsbach
Walldürn
SEITE 227
Wald-Michelbach
Weinheim
Lauda-Königshofen
Gammelsbach
Mudau
Buchen (Odenwald)
Ludwigshafen am Rhein
Schriesheim
Eberbach
Waldkatzenbach
Boxberg
Dossenheim
Osterburken
Assamstadt
Neckargerach
Heidelberg
Neckargemünd
Brühl
Adelsheim
Roigheim
Main
Rhein
Weschnitz
Gersprenz
Neckar
Erf
Tauber
Elsenz
Altrhein
10 km

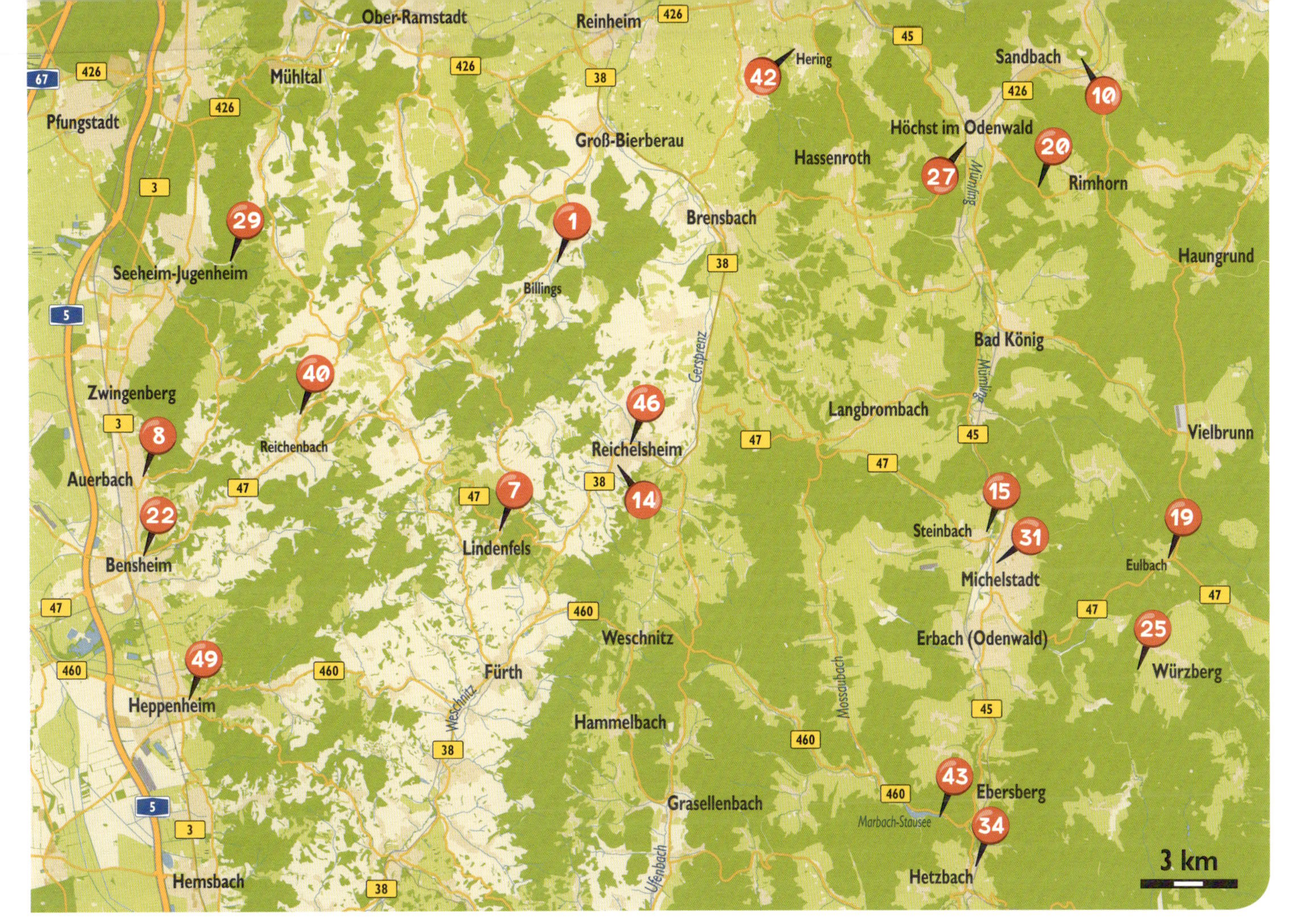
Ober-Ramstadt
Reinheim
Mühltal
Pfungstadt
Hering
Sandbach
Höchst im Odenwald
Groß-Bierberau
Hassenroth
Rimhorn
Mümling
Seeheim-Jugenheim
Billings
Brensbach
Haungrund
Bad König
Gersprenz
Zwingenberg
Langbrombach
Reichenbach
Reichelsheim
Vielbrunn
Auerbach
Lindenfels
Steinbach
Eulbach
Michelstadt
Bensheim
Erbach (Odenwald)
Weschnitz
Würzberg
Fürth
Heppenheim
Hammelbach
Mossaubach
Ebersberg
Grasellenbach
Marbach-Stausee
Ufenbach
Hemsbach
Hetzbach
3 km

NOCH MEHR ESKAPADEN …

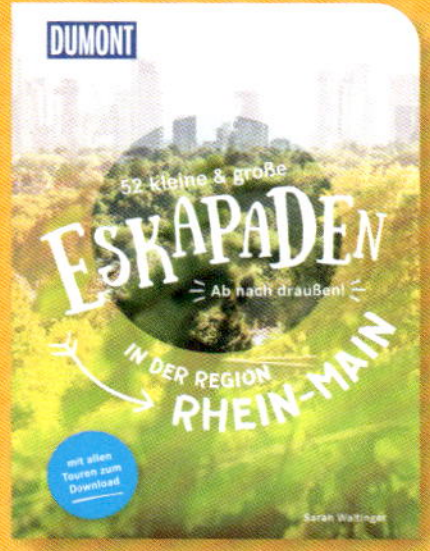

ISBN 978-3-616-02818-7

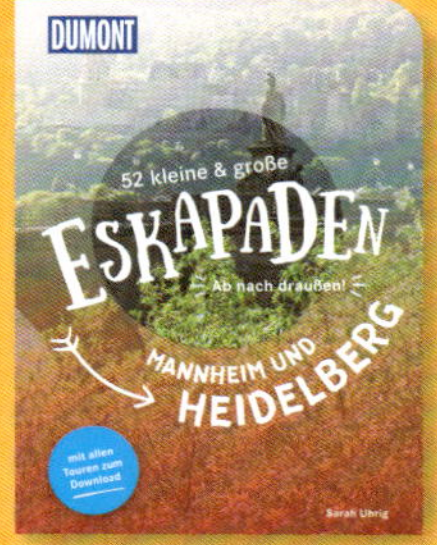

ISBN 978-3-7701-8097-4

ISBN 978-3-616-11001-1

 … erhalten Sie im gut sortierten Buchhandel und unter www.dumontreise.de 

IMPRESSUM

Reihenkonzept Monique Sorban

Projektmanagement Svenja Heinle, Tamara Siedler

Cover-/Buchgestaltung & Illustrationen Carolin Weidemann, Köln, www.weidemann-design.com

Umschlagproduktion, Lektorat & Buchproduktion Verlagsbüro Wais & Partner (Maximilian Göbel, Julia Kant, Kai Wieland), Stuttgart, www.wais-und-partner.de

Text & Fotos Barbara Riedel, www.barbaralicious.com; mit folgenden Ausnahmen: Alexandra Sefrin/scenic-world.net (S. 5, 68, 221 l.); Katrin Bachmann/beforewedie.de (S. 25 l.); Anjana Stojan/Kletterwald Spessart (S. 57 l.); Marie A. Gräfin Ingelheim, Mespelbrunn (S. 70); Pit Kallmeyer/Burg Rieneck (S. 188 l.); Judith Blüthner/Hof Pan Perdu (S. 175, 231 l.); Monika Barrafato (S. 231 r.)
Mit freundlicher Genehmigung der Staatlichen Schlösser und Gärten Hessen (S. 38–39, 40, 41, 46 l., 49, 69 o., 124, 125, 126, 127, 153, 180)

Kartografie © KOMPASS, Innsbruck, unter Verwendung von Kartendaten von © OpenStreetMap-Mitwirkende, Lizenz CC-BY-SA 2.0

Printed in Poland

2. Auflage 2024

ISBN 978-3-616-02821-7
www.dumontreise.de

Geschmackssachen

Im Odenwald und Spessart gehört eine Vesperplatte mit Kochkäse einfach mit dazu (#30). Weinliebhaber freuen sich an der Bergstraße und in den Hanglagen, in denen der Frankenwein angebaut wird (#24). Auf karnivore Wanderer wartet ein wilder Genuss: Wildschweinbratwürste sind im Spessart berühmt (#32).

Weiterlesen

An verschiedenen Stellen können Entdecker Ideen sammeln und sich inspirieren lassen: Die Tourismusverbände bieten Magazine an. So zum Beispiel »Genussreiche Bergstraße«, das auf www.diebergstrasse.de zum Download bereitsteht, oder das »Spessart Magazin« auf www.blog.spessart-tourismus.de

GUT ZU WISSEN …

Ohne Auto

Viele der Eskapaden sind ganz einfach mit Bus und Bahn zu erreichen und unter www.bahn.de planbar. Die Orte liegen in den Gebieten des RMV (www.rmv.de), des VRN (www.vrn.de) und der VAB (www.vab-info.de). Entlang der Bergstraße kann man an vielen Orten wie Bensheim oder Weinheim ein Fahrrad über www.nextbike.de leihen. Auch einige Tourist Informationen wie die in Wertheim bieten Fahrrad- und E-Bike-Verleih an. Carsharing-Standorte findet man unter www.drive-now.com

Sicherheit & Notfälle

Auch mit Vorsicht können Gefahrensituationen nicht immer verhindert werden. Im Notfall immer die gebührenfreie zentrale Notrufnummer 112 wählen.

Vor Ort im Netz

MyOdenwald (www.myodenwald.de) bietet ein Magazin als Online- und Printversion an. Der Blog von Spessart Tourismus (www.blog.spessart-tourismus.de) eröffnet Einblicke in die Erlebniswelt des Waldes.

ESKAPADEN-REGISTER ...

Alle Orte mit Seitenverweisen

BARBARA RIEDEL

… über die Autorin

Seit 2014 ist die Welt das Zuhause der Autorin, Bloggerin und Fotografin aus dem schönen Taunus. Barbara möchte ihren Lesern und Followern die schönen Seiten des Lebens nahebringen: einfach mal nach Feierabend in die Natur, draußen sein, abschalten – und das direkt vor der Haustür. Es muss nicht immer der Ozean sein, wenn das Felsenmeer um die Ecke liegt. Zwischen Heimatliebe und Fernweh sind die Eskapaden immer auch eine Möglichkeit, um in Gedanken zu reisen.

Weitere Tipps zu Ausflugszielen und zum Reisen gibt's auf ihrem Blog www.barbaralicious.com

Ungezähmte Natur

Eskapade #4: Wildromantisch, rau und exotisch. So präsentiert sich die Margarethenschlucht, die den mit zehn Metern größten Wasserfall des Odenwalds beherbergt – ein Ort zum Staunen und für geniale Fotos.

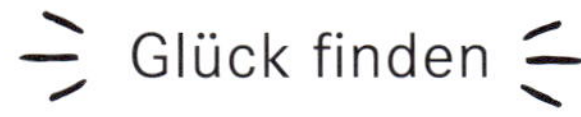

Glück finden

Eskapade #14: Sie sind flauschig. Sie sind gesellig. Und obwohl sie manchmal spucken, verbreiten sie eine unglaubliche innere Ruhe. Mit einem Alpaka durch den Wald zu spazieren lässt einen die Welt um sich herum völlig vergessen. So fühlt sich Glück an!

5 BESONDERE EMPFEHLUNGEN ...

Abtauchen in andere Welten

Eskapade #52: Begleitet vom steten Tropfen des Wassers, das sich hier seit Jahrmillionen unnachgiebig seinen Weg bahnt, verläuft die Führung in der Eberstadter Tropfsteinhöhle durch eine unfassbare Welt, die bis 1971 kein Mensch je zu Gesicht bekommen hatte.

Spaß pur

Eskapade #17: Mit bis zu 40 Stundenkilometern düst man auf der 1000 Meter langen Strecke ins Tal. Etwa drei Minuten dauert die Fahrt auf der Sommerrodelbahn und bringt einen schnellen After-Work-Adrenalinkick.

Absolute Stille

Eskapade #47: Wenn es Nacht wird und nur die Sterne durch das obere Fenster die Dunkelheit von ihrer Vollkommenheit abhalten, ist es plötzlich absolut still. Man ist allein mit der Natur, den Tieren des Waldes und den Bäumen.